Tu mente, tu refugio

BELÉN COLOMINA

Tu mente, tu refugio

Cómo aliviar el sufrimiento y cultivar el bienestar

Grijalbo

Papel certificado por el Forest Stewardship Council®

MIXTO
Papel | Apoyando la silvicultura responsable
FSC® C117695

Penguin Random House Grupo Editorial

Primera edición: febrero de 2026

Travessera de Gràcia, 47-49. 08021 Barcelona

Printed in Spain – Impreso en España

ISBN: 978-84-253-7212-4
Depósito legal: B-21.365-2025

Compuesto en Promograff - Promo 2016 Distribucions, S. L.

Impreso en Black Print CPI Ibérica, S. L.
Sant Andreu de la Barca (Barcelona)

GR 7 2 1 2 4

A ti, que has sentido el peso del miedo, la duda o la exigencia.
A ti, que aun en los días nublados eliges mirarte con amor y seguir caminando.
Que este camino te recuerde que la calma no se busca fuera,
se cultiva dentro,
paso a paso, respiración a respiración.
Que cada palabra sea una semilla;
cada silencio, un espacio fértil;
cada meditación, cada mandala, una puerta de regreso a tu centro.
Tu refugio

Índice

Nota al lector

Este libro no reemplaza un proceso terapéutico ni las indicaciones de un profesional de la salud mental. Mi intención es ofrecerte una guía de autoconocimiento y transformación, un entrenamiento para cultivar una mente más clara, flexible y presente. Si estás atravesando momentos de dificultad emocional, no dudes en buscar acompañamiento profesional. Como psicóloga, sé cuán valioso es —y a veces necesario— caminar de la mano de alguien cuando se atraviesan los tramos más oscuros del camino.

Detente.
Respira profundamente y mira hacia dentro.

Te invito a tomarte un tiempo solo para ti.
Un regreso suave a lo esencial. A la serenidad y la calidez
que habita en tu interior.
No hay prisa, solo este instante.
Un espacio que puedes habitar, sentir y abrazar.
Con amabilidad.

Te invito a desvelar un lugar seguro dentro de ti,
ese refugio sereno donde puedes descansar sin máscaras,
sin exigencias.
Donde todo lo que eres es bienvenido.

Que este instante sea el umbral en el que recuerdas
que siempre puedes volver…
Volver a ti, al hogar cálido y sereno de tu presencia más verdadera.

Introducción

Me gustaría compartir contigo un descubrimiento que ha sido revelador para mí. Tras más de veinte años acompañando procesos terapéuticos, guiando retiros de autoconocimiento y ahondando en la meditación, he visto cómo las transformaciones más profundas florecen en el silencio de los pequeños actos de presencia y honestidad cotidiana. He visto, una y otra vez, que las personas despiertan cuando se permiten mirar hacia dentro con compasión, cuando dejan de huir de sí mismas y comienzan a habitarse con verdad. Cuando recuerdan, con ternura, quiénes son bajo las capas de miedo, exigencia y condicionamiento. Cada retiro, cada encuentro individual, cada momento de silencio compartido me han recordado que no hay atajo más real que el de estar presente y en contacto con uno mismo y los demás, instante tras instante.

En el bullicio del hacer constante, muchos han olvidado cómo se siente la paz. Si me acompañas en estas páginas, entrenaremos la mente para volver a tu refugio interior, a ese espacio inquebrantable de serenidad y seguridad interna. Ahí donde habitan tu verdad, tu fuerza y tu libertad. Te acompañaré con ejercicios experienciales y de autoconocimiento, afirmaciones, mapas visuales (mandalas) y prácticas de meditación. Es un proceso en el que irás transformando tu mundo interior con suavidad y profundidad desde una perspectiva integradora de psicología, terapia y meditación. Porque aprender a vivir de forma significativa, con pasión, alegría y amor, es el reto más potente que me he encontrado en el camino tanto personal como profesional y cuyas claves quiero compartir contigo. Ojalá este espacio se convierta en un refugio de claridad y en una herramienta para sostenerte con presencia y determinación. Ojalá puedas acompañarte desde la compasión, sin exigencia, sin juicio. Solo desde la intención de comprenderte y desarrollarte.

Antes de comenzar, una invitación al viaje…

Quizá te parezca extraño, pero existe un lugar que no ha sido herido por el tiempo ni por las circunstancias. Un espacio silencioso, vasto y lleno de presencia que late con la misma fuerza con la que se crea la vida. Un lugar donde cada pausa consciente es un bálsamo que acaricia tu presente, cada práctica, una llave, y cada pregunta, una puerta hacia el autoconocimiento. Es un espacio para encontrarte, para despertar la mirada y abrigarte en tu sabiduría más profunda. Un lugar desde el que caminar con presencia, paso a paso, sin prisas ni exigencias.

Te invito a un viaje que no se mide en metas, sino en la suavidad con la que eliges sostenerte aun cuando la vida se agita, en la honestidad con la que decides escucharte y en el coraje con el que te abres a sentir sin juicio. Porque tu mente puede transformarse. Porque tu cuerpo guarda memorias que pueden ser liberadas. Y porque tu corazón conoce las respuestas anheladas.

En el centro de todo lo que vives hay una voz sabia que recuerda el camino de vuelta a casa. Si eliges hacer este viaje, te acompañaré en una senda de serenidad, amor y confianza hacia un lugar seguro en tu interior. Te acompañaré a cultivar una mente clara, un cuerpo habitado y un corazón abierto. A honrar tu verdad más íntima. Un viaje profundo en el que cada respiración se convierta en un acto sagrado de amor hacia ti, un puente desde el presente hacia la armonía del ser. Te invito a mirar hacia dentro y a caminar liviano, consciente y libre. Te invito a desvelar todo tu potencial de crecimiento.

Te acompañaré en la experiencia de convertir tu mente en un lugar seguro, amplio, sereno y lúcido. Te invito a abrir el corazón —amable y virtuoso— a la presencia viva de cada instante. A abrazar todas tus partes: las vulnerables y las fuertes, las exigentes y las permisivas, las heridas y las resilientes. Todas ellas han estado contigo, te han sostenido en cada experiencia, en cada herida, en cada logro. Han tejido, con sus matices, la persona que eres hoy. Te acompañaré a expresar lo que guardas, a sanar lo que duele y a comprender las creencias que te han limitado. Cultivaremos una consciencia testigo que te permita salir del piloto automático y regresar a lo que en realidad importa. Crearemos nuevos hábitos y rutinas que entrenen tu mente en estados virtuosos, y que generen una presencia plena que habite cada momento tal como es, sin juicio ni resistencia. Porque justo de esa presencia lúcida y receptiva nace la verdadera transformación: sutil, profunda y sostenida en el tiempo.

Ojalá te animes a adentrarte en estas páginas y a regalarte momentos para estar verdaderamente contigo: en silencio, en escucha, en presencia plena. No importa si dedicas ahora mucho o poco tiempo, todo está bien. No pretendo lograr un resultado, no quiero que te fuerces, que busques la perfección o una exigencia rígida, porque lo que deseo es que encuentres, en cada momento, el contacto genuino y honesto con tu ser. Solo necesitas la intención auténtica y el compromiso contigo para adquirir la disciplina del cambio.

Me gustaría que cultivases estos hábitos con la misma delicadeza con la que se cuida una semilla: con paciencia, con constancia, con amor. La vida es ahora, y está llena de maravillosos instantes para habitar. Cierra los ojos con suavidad y permite que la respiración se convierta en el puente hacia este lugar sagrado en tu interior. Porque la paz no es algo que se encuentra fuera, es una cualidad interna que se cultiva, se habita y se revela… instante tras instante. Te acompaño en este viaje. Un viaje que empieza ahora.

La meditación es la llave.
El autoconocimiento, el mapa.
La sabiduría y la compasión, el camino.

… Y UNA INVITACIÓN A CONECTARNOS

Me encantará acompañarte a través de los audios que he grabado especialmente para ti. Cada meditación que comparto en este libro está disponible en la página web <www.belencolomina.com> y en mi canal de YouTube (véase el QR en la página 255). Desde ahí estaré contigo, si así lo deseas. Todas las prácticas que te propongo están enraizadas en mi experiencia como psicoterapeuta, en la evidencia científica y en la sabiduría de la tradición contemplativa. Juntas forman un entrenamiento mental diseñado para cultivar ese espacio seguro de presencia y autoconocimiento. Es un proceso respetuoso, profundo y transformador. Un camino integrador en el que la mente y sus procesos, el mundo emocional, el cuerpo y el contexto presente pueden armonizarse y expresarse para sanar, para que te reencuentres en un presente lleno de sentido. Ojalá se conviertan en un impulso para cambiar la dirección de tus días hacia el propósito del bienestar. Ojalá sientas el poder sanador de la calma, de la meditación, del arte de entrenar tu mente.

Porque, más allá de ser herramientas para cultivar el bienestar, son puertas hacia una transformación profunda. Son prácticas que activarán tu sistema de calma, que te permitirán soltar las tensiones y restaurar el equilibrio, ayudándote a salir del estado de hiperactivación que acompaña al estrés, a la ansiedad o la rumiación mental. Y no son solo técnicas. Son espacios internos de resguardo que transformarán tu manera de estar contigo y de relacionarte con lo que vives. En este proceso he diseñado unos mandalas para que te acompañen. Ellos serán tus guías simbólicos. Desde la psicología y la tradición contemplativa, los mandalas simbolizan el orden interior y la unidad. Funcionan como mapas visuales de autoconsciencia: son capaces de organizar el caos mental y emocional, y promueven la calma, la claridad y la autorregulación. No son solo formas o símbolos: son anclajes de presencia, puertas hacia la integración. Al contemplarlos desde la serenidad, algo dentro de ti también se ordena y armoniza, se aquieta y recuerda su centro.

Practicar es construir un refugio. Un lugar interno que te protege, que te contiene, que te cuida. Es cultivar la capacidad de responder con claridad, en lugar de reaccionar desde el impulso. Para que, cuando lleguen el ruido, la tormenta o los pensamientos intrusivos, tengas un sostén amplio y firme que te ofrezca la seguridad de la presencia plena y la amabilidad de la observación ecuánime. Un lugar desde el que romper los viejos patrones que ya no te sirven y dejar de perpetuar el ciclo automático del sufrimiento. Porque se trata de vivir con sentido, plenitud, amor y libertad. Y, para ello, te necesitas presente.

Si deseas profundizar en las prácticas de meditación, con sus matices y beneficios específicos, y ver cómo pueden transformar tu mente, tu cerebro y tu día a día, puedes consultar mi libro anterior, *El poder sanador del silencio* (Grijalbo, 2023). En él descubrirás en profundidad estas tres familias de meditación con las que vamos a trabajar: calma mental, generación de estados virtuosos y analíticas.

No esperes a que las condiciones sean perfectas; el momento es ahora. Permítete un comienzo amable, un camino pleno y una experiencia cálida, sin exigencias. Con el tiempo, la meditación se convertirá en ese espacio en el que puedes sostenerte, un refugio sereno desde el cual enfrentarte a la vida con más enraizamiento, calma y lucidez. Y ese cambio no ocurre de golpe, sino que florece con pequeñas acciones diarias, llenas de intención y presencia. En cada gesto consciente, en cada elección alineada, se va revelando lo verdaderamente importante.

Ahora es el momento de valorarte. Es el momento de ser.

Cree en la vida que deseas.

Ofrécete el cuidado y el amor que te sostengan en cada desafío.

Gracias por estar aquí.

Por confiar.

Por elegirte.

Ahora sí: respira hondo, abre este espacio de lectura desde la serenidad de quien se sabe presente y deja que el viaje comience.

Te acompaño.

MANDALA MAESTRO

TU MENTE, TU REFUGIO:
BRÚJULA INTERIOR DE TRANSFORMACIÓN PROFUNDA

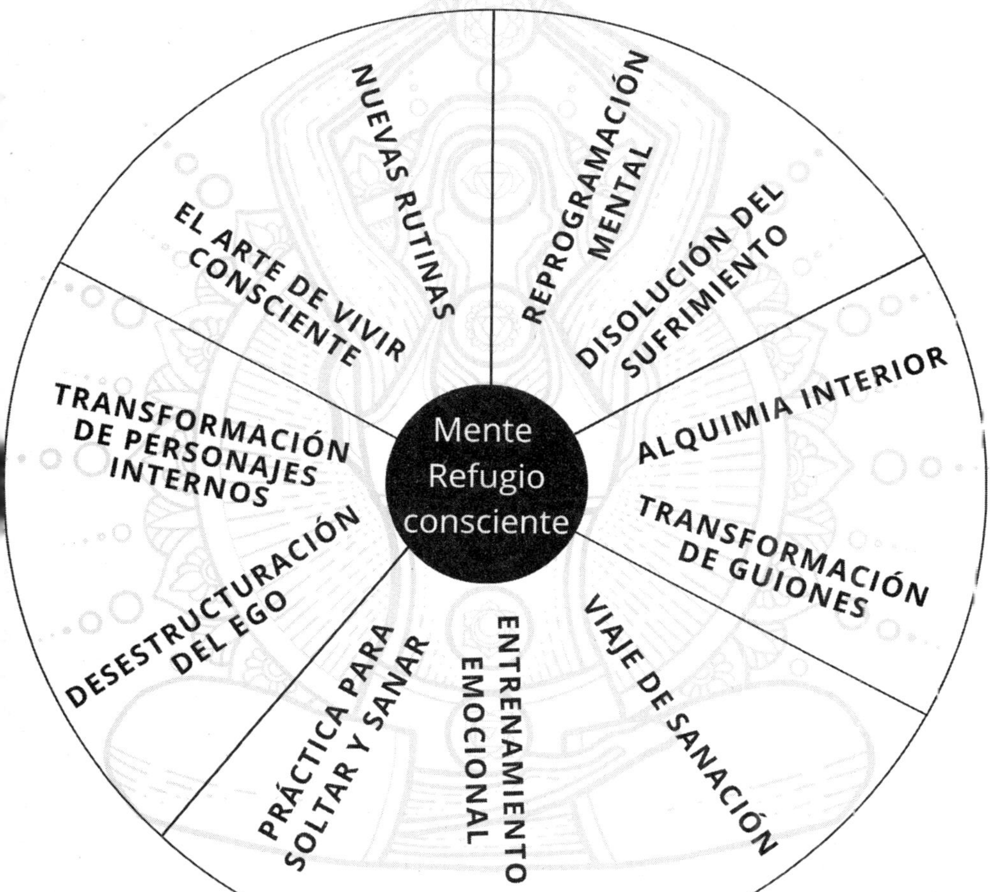

QUE ESTE INSTANTE SEA EL UMBRAL EN EL QUE RECUERDAS QUE SIEMPRE PUEDES VOLVER... VOLVER A TI, AL HOGAR CÁLIDO Y SERENO DE TU PRESENCIA MÁS VERDADERA

Te presento el Mandala Maestro, el eje que vertebra todo el entrenamiento que recorre este libro. Es un mapa simbólico de tu mundo interior en el que se entrelazan los movimientos de la consciencia que irás despertando y armonizando durante este camino. En su estructura se reflejan los grandes procesos de este viaje: la reprogramación mental, la alquimia interior, el viaje de sanación, la práctica para soltar y sanar, la desestructuración del ego, el arte de vivir con presencia y consciencia, y las nuevas rutinas que te voy a presentar.

Cada meditación, reflexión o ejercicio que encuentres en estas páginas puede integrarse en la contemplación de los mandalas que los acompañan. Al hacerlo, no solo los observas, también te observas a ti. Están concebidos para ser comprendidos más allá del pensamiento, para ser sentidos con el corazón. De este modo, al mirarlos, algo dentro de ti empezará a recordar, a reordenarse, a transformarse.

El Mandala Maestro será tu brújula silenciosa, un recordatorio visual del camino hacia la armonía y el potencial de transformación que ya existe dentro de ti. Contemplarlo es como respirar con la consciencia: cada mirada, cada pausa, cada respiración, te acerca un poco más a tu centro. A tu refugio.

Adelante, estás listo para comenzar este viaje de regreso a tu esencia.

1

La llave

> No existe universo más vasto que el de la mente, y la consciencia es su única puerta.
>
> Cada gesto de presencia se convierte en la llave que abre nuevas dimensiones de tu propio universo interior.
>
> Bienvenido.

Solo tú tienes la llave

¿Cuándo fue la última vez que estuviste verdaderamente contigo? No con el hacer, ni con los pensamientos acelerados, sino contigo, en la raíz de tu ser, en la calma que aparece cuando todo se silencia. He visto una y otra vez cómo el simple acto de regresar a uno mismo —con amor, con ternura, sin juicio— tiene el poder de sanar. Es volver al centro, al hogar interior. A ese espacio íntimo donde no hace falta ser más ni demostrar nada. Ese contacto genuino, suave y humano transforma. Altera la manera en que miras, respiras, caminas. Te devuelve al presente con el asombro de quien vuelve al mar después de mucho tiempo lejos. Pero las prisas del mundo —sus ruidos, sus urgencias— nos arrastran hacia fuera. Nos vacían de momentos plenos y nos desconectan de lo que importa: la consciencia, el cuerpo, el instante vivido con alma. Por eso hoy, desde el lugar en que te encuentres —en la calma o en el caos, en la cima o en lo incierto—, quiero invitarte a detenerte y regresar. A volver a ese espacio sagrado que ya habita en ti, aunque a veces lo olvides. A cultivar, paso a paso, un refugio en tu mente, un lugar amplio, silencioso, seguro… Un hogar interno capaz de sostenerte cuando todo se tambalea a tu alrededor. Ese lugar no es una huida del mundo, sino una forma más verdadera de estar en él. Es el umbral donde puedes descansar sin desaparecer, donde puedes ordenar lo que pesa, comprender lo que duele, soltar lo que ya no necesitas y sostener con suavidad eso que aún requiere tiempo. Ahí puedes escucharte sin prisa. Mirarte sin exigencias, sin máscaras, sin dureza. Ahí no tienes que fingir para ser digno de amor. Porque, cuando comienzas a escucharte con aceptación, descubres algo esencial: muchas de las respuestas que has buscado fuera ya viven en ti. No necesitas llegar a ningún otro lugar ni ser otra versión de ti. Solo detenerte. Respirar. Estar. Conectar y descubrirte tal y como eres, con tus luces y tus sombras, con tu fragilidad y tu fuerza. Y, desde ahí, abrazarte. Con calidez. Con verdad. Y seguir… más en paz, más presente, más contigo.

Sin embargo, a veces el miedo a sufrir nos impide mirar hacia dentro. Tememos a las sombras inconscientes que nos persiguen en silencio, a las emociones que duelen, a las heridas que aún palpitan… y nos desconectamos. Nos alejamos de nosotros mismos, de las sensaciones que nos habitan y de la posibilidad de comprender lo que nos pasa. De la oportunidad de atendernos y acompañarnos cuando todo se vuelve difícil. Pero quiero decirte algo importante: cuando eliges detenerte, cuando te permites sentir sin juicio y ofrecerte amabilidad, algo empieza a cambiar. Porque es justo ahí, en ese gesto de valentía silenciosa, donde comienza la verdadera transformación. Ahí recuperas tu poder: elegir, decidir y romper con el ciclo del sufrimiento repetido.

Quiero que confíes en ti. Tu mundo interior no es un lugar oscuro del que debas huir. Es un territorio fértil lleno de sabiduría dormida, de luz esperando ser mirada. Pero, para descubrirlo, necesitas cruzar el umbral del ruido. Y ese paso solo puedes darlo tú. Yo estaré aquí, en estas páginas, en cada palabra y en cada audio, acompañándote con presencia. Ojalá algún día también pueda conocerte en persona y seguir compartiendo este camino desde la vida real. Pero hay algo que solo tú puedes hacer: abrir la puerta. Porque ese lugar al que vas es solo tuyo. Un espacio íntimo, sereno, intacto. Tal vez ya lo hayas rozado alguna vez, al cerrar los ojos en medio del cansancio, al soltar la exigencia, al entregarte, por fin, al silencio. Ese lugar está esperando a que regreses.

Adelante, llevas contigo la llave.

Solo necesitas volver a ti. Detenerte. Respirar con presencia y regresar a casa. Entonces lo comprendes: no necesitas huir del mundo, ni de tus emociones, ni de lo que duele. Descubres que la paz no nace del silencio de fuera, sino de tu presencia dentro. De caminar despierto y elegir con consciencia aun en medio del ruido.

Ahí, en ese espacio íntimo y seguro, solo tú puedes entrar.

Solo tú tienes la llave.

Y ahí habita tu mayor fortaleza.

Ahí reside tu mayor libertad.

Para comenzar este camino, te invito a sumergirte en una práctica meditativa profunda. Se trata de una meditación respaldada por la evidencia científica, especialmente eficaz en contextos de regulación emocional, ansiedad, trauma y crecimiento interior. Te ofrece un espacio para volver a ti, restaurarte y reconectar con lo esencial. Su propósito es ayudarte a construir un refugio interno libre de amenazas. Un lugar donde puedas soltar las exigencias externas, regular tus emociones y descansar en la suavidad y el cuidado de tu presencia amable y plena. Desde la psicoterapia, este estado interno permite salir del modo de hiperactivación asociado al estrés, a la ansiedad, al trauma, y acceder a un lugar de regulación, calma y confianza. Te presenta una base segura para trabajar con memorias dolorosas, emociones intensas y procesos de integración profunda, un suelo íntimo, firme y compasivo en el que arraigar tu experiencia cuando todo parece inestable fuera. A través de la respiración consciente, el anclaje corporal y la visualización, la mente encuentra un punto de quietud y equilibrio. Y el cuerpo, un lugar en el que soltar y descansar. El lugar seguro no es un sitio al que vas para corregirte, sino para recibirte. Es el espacio donde puedes ser tal como eres. Porque la verdadera transformación no nace de la exigencia, sino de la ternura.

Esta práctica no busca que llegues a un estado ideal. Te invita a estar aquí, contigo, con lo que haya, en lo que eres. A desarrollar una «consciencia testigo», esa parte sabia de tu mente que observa con claridad sin quedarse atrapada. Esa que sabe que cada pensamiento es solo eso, un pensamiento, que cada emoción viene a mostrar algo y que tú puedes sostenerlo todo con presencia. Así, el lugar seguro se convierte en un centro de gravedad emocional, una referencia estable en tu interior que no depende del entorno. Es tu punto de equilibrio cuando todo fuera cambia. Un espacio firme que sostiene tus emociones intensas, tus recuerdos difíciles, tus partes más vulnerables. Es la base en la que se asientan los procesos de sanación, de integración, de reencuentro contigo mismo. Y, aunque puede convertirse en una herramienta esencial en momentos de crisis, no es solo para esos días grises. Es una práctica diaria, una medicina sutil para los ritmos acelerados, las exigencias cotidianas, la acumulación invisible de estrés y preocupaciones. Es un ritual de reconexión. Un gesto cotidiano de cuidado que, poco a poco, cambia tu forma de estar contigo.

Recuerda que cultivar tu lugar seguro es como regar una raíz invisible: no siempre se ve, pero lo sostiene todo. Cada pausa consciente construye un puente con tu respiración, un puente de regreso a tu verdadero ser, a tu esencia conectada con el milagro del instante presente. Te invito a habitarte en plenitud para caminar libre. Con vida, con amor, con respeto. A generar una intimidad en la que te descubres al mundo sin miedo a caer, sino con la fuerza de crecer. A cultivar una mirada serena que sabe escucharse con atención, que camina integrando los mensajes de la mente y el corazón, porque ahí, justo en esos susurros internos, se desvela tu verdad. Te invito a abrazar la confianza del contacto genuino, a quererte tanto que te ofrezcas seguridad ante la incertidumbre y amor frente al miedo. A que te regales la virtud de vivir con propósito, con ese sentido que tiñe tu día de luz y tus noches de apreciación serena.

Que tu mente sea un lugar seguro es, en esencia, desarrollar tu capacidad de habitar la vida con profundidad y compasión, incluso en medio del ruido. Es como encender una lámpara en medio del bosque: no borra la oscuridad, pero te permite seguir caminando… con confianza.

Adelante, tu luz ya está encendida y tú ya tienes la llave.

Meditación: conecta con tu lugar seguro

Cierra por un momento los ojos y respira profunda y lentamente.

Inhala por la nariz… y exhala despacio por la boca.

Siente cómo el aire entra y sale, que tu pecho y tu abdomen se expanden y se contraen.

Con cada exhalación, imagina que liberas cualquier tensión o inquietud.

Inhala… Calma.

Exhala… Suelta.

Ahora imagina que caminas por un sendero rodeado de naturaleza. Puede ser un bosque, una playa, un jardín o cualquier paisaje que te haga sentir en paz. Evoca la sensación de la textura del suelo bajo los pies, escucha los sonidos suaves a tu alrededor, huele los aromas que trae el aire fresco.

A medida que avanzas, te das cuenta de que hay una puerta que te conduce a un lugar especial. Ábrela. Dentro hay un lugar donde todo está en calma, un espacio donde el ruido del mundo se disuelve, las preocupaciones no te consumen y puedes ser simplemente tú. Es un lugar seguro. Un espacio que solo tú conoces. Obsérvalo. Puede ser real o imaginario. Puedes diseñarlo o regresar a alguno que ya conozcas. Observa, desde la curiosidad, la paz que habita en él. Es tu refugio interior.

Siente cómo, al entrar en este espacio, una sensación de calma profunda te envuelve. Ahí no hay prisa, no hay exigencias, no hay miedos. Hay luz, serenidad, amor, confianza.

Detente en él por unos instantes. Aquí y ahora, no hay nada más que hacer. Solo estar contigo, en perfecta paz.

Inhala... Calma.

Exhala... Suelta.

Te invito a repetir en silencio, con suavidad y convicción: «En mí habitan la calma y la fortaleza. Siempre puedo volver a mi refugio interior».

Permanece unos momentos en este espacio, absorbiendo su energía, sintiendo cómo la paz se ancla en cada célula de tu cuerpo.

Poco a poco, comienza a traer tu consciencia de vuelta al presente. Siente de nuevo el peso de tu cuerpo, la suavidad del aire en tu piel, los sonidos a tu alrededor.

Inhala hondo, exhala con gratitud.

Cuando estés listo, abre los ojos despacio, sabiendo que este refugio siempre estará disponible para ti, en cualquier momento, en cualquier lugar. Sabes que estás a salvo dentro ti, puedes volver a este refugio interior cuando lo necesites. Sabes que en ti habitan la calma y la fortaleza.

Estás lleno de riquezas y virtudes. Más de las que imaginas.

Bienvenido a tu lugar seguro.

Ahora que tu respiración —suave y profunda— recuerda el camino de regreso a ese lugar seguro, ahora que ya sabes que llevas contigo la llave de ese espacio interno lleno de confianza, calma y serenidad, te invito a volver a él cada día. A habitarlo como quien regresa a casa sin prisas, sin máscaras, sin exigencias. Allí no necesitas ser distinto, ni demostrar nada, ni ocultar tus heridas. Todo en ti es bienvenido: lo que duele, lo que pesa, lo que aún necesita ser sostenido. Todo puede mirarse con honestidad, envuelto en compasión. Volver a ese espacio no es huir. Es regresar a lo esencial. Es un acto profundo de sabiduría y de amor. Un recordatorio de que, incluso en medio del caos, dentro de ti habita un centro sereno capaz de sostenerte, acompañarte y guiarte, paso a paso, en cada tramo del camino. Es darte el regalo de estar contigo de forma auténtica y sin condiciones. Y, desde ahí, volver a mirar el mundo con más equilibrio, más claridad, más presencia. Sentir que, en este silencio cálido y profundo, puedes descansar, sentir, ordenar... y volver a empezar.

Porque al caminar se desvelan nuestras heridas, gritan para ser escuchadas. Las emociones regresan no para desbordarte, sino para recordarte que necesitan ser transitadas, cuidadas, elaboradas. Señalan la puerta de esas experiencias que piden ser sostenidas con presencia. Y ahora, desde este cálido lugar interno que empiezas a cultivar en ti, puedes hacerlo. Puedes ofrecerte la luz de la regulación y el equilibrio, la confianza de conectar con tus recursos aun en medio de las dificultades. Porque no es tu vulnerabilidad la que te define, sino la fortaleza de abrazarla, reconocerla y quererte tanto como para integrarla con ternura en tu historia. Porque lo que alguna vez dolió puede, por fin, ser comprendido sin juicio y abrigado con amor en este lugar que ya está dispuesto para ti. Desde ahí, y en tu consciencia más luminosa, puedes dejar de repetir inercias del pasado y empezar a elegir con amor y claridad los pasos que deseas dar desde el presente. Ahí, en esa quietud íntima y presencia plena, empieza la verdadera transformación. Y en ese lugar —libre de ruido y lleno de intención— pueden nacer nuevos hábitos: pequeños gestos cotidianos que cuidarán tu camino y te ayudarán a sostenerte con mayor firmeza y verdad.

Lo hiciste lo mejor que supiste, y hoy puedes elegir hacerlo de otro modo. El camino del autoconocimiento y bienestar requiere introspección, tiempo y una buena dosis de compasión. Si en algún momento sientes que lo que emerge es demasiado intenso, no lo transites en soledad. Buscar acompañamiento profesional no es signo de debilidad, sino un acto de sabiduría y cuidado. Desde mi experiencia como psicóloga, sé que a veces se despiertan memorias que duelen, patrones o historias pasadas que buscan cerrarse, emociones que necesitan ser nombradas. Pero no dejes que eso detenga tu crecimiento. Solo necesitan ser vistos con respeto, comprendidos con paciencia y elaborados con amor. Acompáñate con ternura en cada paso. Y recuerda: no tienes que hacerlo todo solo. Somos una comunidad. Y, cuando caminamos juntos, siempre llegamos más lejos.

A continuación quiero compartir contigo algunos de los principales beneficios que puedes desarrollar al entrenar la mente con esta práctica de meditación. Muchos de estos efectos se verán fortalecidos a medida que avances en los ejercicios de autoconocimiento, meditación y contemplación que encontrarás en los distintos capítulos. En psicología y neurociencia, sabemos que cultivar un espacio interno de seguridad no solo reduce la reactividad emocional, sino que también activa circuitos neuronales vinculados con la autorregulación, la empatía, la resiliencia y la toma de decisiones conscientes, incluso en contextos de presión o incertidumbre. Meditar, por tanto, no es buscar una pausa momentánea; es una forma de reconfigurar tus patrones internos para habitarte con mayor claridad, equilibrio y sabiduría. Y para que este entrenamiento sea efectivo es necesario abordarlo de forma integral. Cultivar un lugar seguro en tu mente implica una mirada holística que contemple el cuerpo, la mente, las emociones y la forma en que te vinculas con el mundo. Es un camino de presencia profunda, una práctica constante y amorosa que, poco a poco, transforma no solo tu experiencia interna, sino también tu forma de estar en el mundo.

SABIDURÍA Y AMOR

REGRESA A TU LUGAR SAGRADO

UN CENTRO SERENO QUE PUEDE SOSTENERTE, ACOMPAÑARTE Y GUIARTE EN TU PROCESO DE TRANSFORMACIÓN

SE CULTIVA UNA ACTITUD FUNDAMENTAL DE CUIDADO Y CALIDEZ

UNA EXPERIENCIA INTERNA QUE PERMITE SALIR DEL ESTADO DE HIPERACTIVACIÓN DEL SISTEMA NERVIOSO

FAVORECE QUE ACCEDAS A UN ESTADO DE MAYOR REGULACIÓN, CALMA Y CONFIANZA

TE OFRECE UNA SENSACIÓN PROFUNDA DE TRANQUILIDAD Y PRESENCIA

A TRAVÉS DE LA RESPIRACIÓN CONSCIENTE, EL ANCLAJE CORPORAL Y LA VISUALIZACIÓN, SE REDUCE LA AGITACIÓN MENTAL

ES UN LUGAR AL QUE NO VAS PARA CORREGIRTE, SINO PARA RECIBIRTE

TE PERMITE HABITAR LA EXPERIENCIA INTERNA CON HONESTIDAD, SIN EVASIÓN NI LUCHA

ES UNA REFERENCIA INTERNA ESTABLE, NO CONDICIONADA POR LO QUE OCURRE FUERA DE TI

TE AYUDA A SALIR DEL BUCLE DE PENSAMIENTOS, EXIGENCIAS O PREOCUPACIONES

UNA MENTE SEGURA ES MI RAÍZ:
SERENIDAD EN EL CAOS, SABIDURÍA EN LA DUDA,
COMPASIÓN EN LA HERIDA

UN LUGAR SEGURO

EL CENTRO DEL EQUILIBRIO INTERIOR

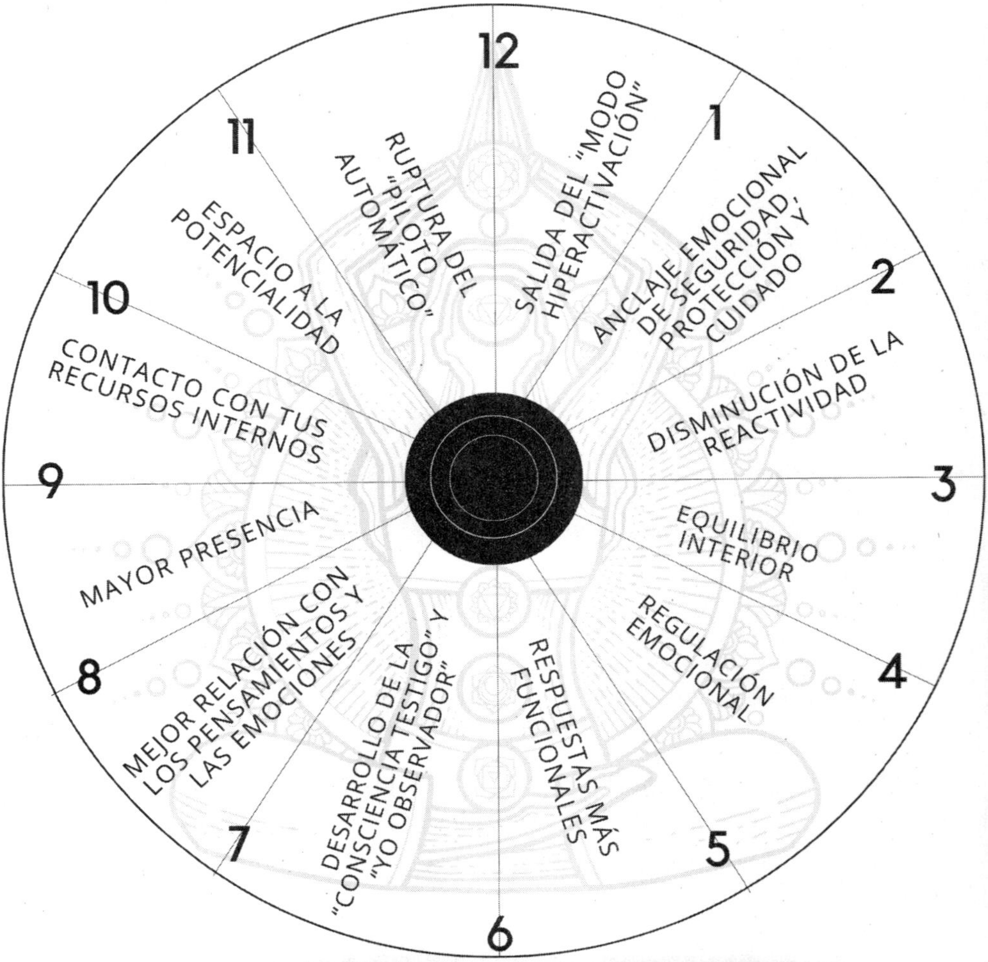

PUEDO VOLVER A MÍ CADA VEZ QUE EL MUNDO SE ACELERA, CADA VEZ QUE ALGO ME SOBREPASA, CADA VEZ QUE ME OLVIDO DE LO ESENCIAL

Durante años tuve la oportunidad de formarme en monasterios budistas y, desde muy pequeña, participé en retiros de preparación deportiva y competición. De esos espacios tan distintos —y a la vez tan profundamente conectados— me llevé una de las enseñanzas más valiosas de mi vida: vivir con disciplina, paciencia y confianza, tres actitudes esenciales que me enseñaron a habitar cada práctica y cada entrenamiento con intención, presencia y claridad. Aprendí que, para que la transformación fuera profunda y sostenible, necesitaba constancia, superar las frustraciones y aceptar las derrotas. Que no había perdedores, solo etapas del camino de las que seguir aprendiendo. Y sobre todo comprendí que no existe una meta, un resultado único que hay que perseguir, sino una preparación diaria y constante en la dirección deseada. Para recorrer este camino fue necesario entrenar la introspección, cultivar una escucha interna honesta —del cuerpo, de la mente y del corazón—, aprender a cuidar las necesidades emocionales con consciencia y encender la llama del entusiasmo. Integrar cuerpo, mente y contexto requiere revisar hábitos, cuestionar creencias arraigadas y atrevernos a dar nuevos pasos incluso cuando aparezcan resistencias o temores. Y surgirán. Pero si los sostienes con amabilidad, si los miras con compasión y firmeza, también ellos pueden transformarse en parte de tu crecimiento.

Comenzaremos con pequeños hábitos y rituales cotidianos, suaves semillas que irán regando tu día a día, abriendo paso a una transformación más profunda y sostenida. No se trata de cambiarlo todo de golpe, sino de cultivar con constancia y ternura una nueva forma de estar contigo. Para ello, voy a ofrecerte un diario que será tu espacio de anclaje, un lugar íntimo en el que registrar tu proceso, dejar huella de tus avances, conectar con tu intención cotidiana y sostener tu compromiso desde la amabilidad, no desde la exigencia. A lo largo del camino, te acompañaré con guías reflexivas, ejercicios de autoconocimiento y prácticas meditativas que te inviten a tocar con profundidad lo que aquí estás leyendo, para que cada palabra no se quede en la teoría, sino que se convierta en una experiencia viva.

En una nueva forma de sentirte.

De comprenderte.

De habitarte con más presencia, sentido y cuidado.

Imagina que cada pequeño hábito que cultivas hoy es una semilla que plantas en tu interior… y que, con presencia, cuidado y constancia, te irá devolviendo a casa.

Paso a paso…

PEQUEÑOS HÁBITOS, GRANDES TRANSFORMACIONES

> Cada día, un gesto.
> Cada gesto, una raíz.
> Cada raíz, un refugio que crece dentro de ti.

Cada paso que das hacia tu interior es una semilla que despierta. Y cada gesto cotidiano, cuando nace de la presencia, puede convertirse en una brújula silenciosa que oriente tu transformación.

El camino que estás a punto de recorrer no requiere de grandes gestos, sino que se construye con pequeñas acciones conscientes que, cuando se repiten con intención y nacen de tus valores más profundos, tienen el poder de cambiar tu forma de estar y ser en el mundo. En cada paso descubres que puedes atravesar el ruido diario, desactivar el piloto automático y reconectar con lo esencial. Ese lugar seguro y sereno en tu interior desde el que desplegarás los recursos necesarios para acompañarte en el proceso respetuoso y auténtico de autoconocimiento y crecimiento interior.

Te invito a incorporar pequeños cambios en tu rutina diaria para que sean una guía de bienestar. Que cada ejercicio se convierta en un impulso hacia una vida más auténtica y consciente. Al fin y al cabo es tu vida, y mereces sentir que caminas hacia el destino que anhelas, no como una meta, sino como una manera de vivir en coherencia con lo que eres y valoras. Sin ruido de más. Sin prisas. Solo habitando cada paso desde el entusiasmo de sentirte contigo. Caminando con sentido.

Comenzaremos instaurando pequeños hábitos por la mañana y por la noche. No te llevarán más de cinco, diez o quince minutos cada vez. Confía en el proceso y ofrécete esta gran inversión en tu salud y bienestar. Cada hábito que cultivas es una semilla plantada en el terreno fértil de la mente. En psicología, sabemos que los ritmos del cambio no quieren prisas ni exigencias rígidas. No pienses en el resultado como algo inmediato, eso solo genera frustración. El verdadero cambio se manifiesta en lo cotidiano, en cada decisión que tomas para cuidarte, para escucharte, para estar presente. El proceso, más que el destino, es el verdadero acto de transformación. Te invito a ser constante; he visto cambios maravillosos en instantes inesperados y, créeme, nunca son fruto del azar. Cada transformación es el resultado de un trabajo silencioso, consciente e inconsciente, que vas haciendo a cada instante. Y un día, casi sin darte cuenta, te descubrirás más sereno, más en paz contigo, con más espacio para elegir cómo responder ante la vida. Con más presencia. Con más amor. Por eso, además de ofrecerte herramientas psicológicas, te acompaño con prácticas de meditación y visualizaciones, ya que te ayudarán a entrenar tu mente desde un enfoque integrador. La ciencia lo avala con evidencias sólidas: la práctica constante de estas técnicas favorece la regulación emocional, reduce el estrés, mejora la salud física y fortalece la resiliencia. Meditar no es solo calmar la mente, es cultivar en ella estados virtuosos. Te ayuda a conseguir un equilibrio que te permita escuchar la sabiduría que ya habita en ti.

No es un camino de perfección, sino de presencia amorosa, un sendero en el que cada pequeño acto consciente puede convertirse en un faro que ilumina toda tu vida. Se trata de recordarte cada día que eliges cultivar calma, claridad, amor y presencia. De crear una rutina que te sostenga, que te devuelva a ti, que te ancle, suave pero firme, a lo que realmente importa. Es una manera de mantener viva la intención, incluso en los días difíciles. De hacer espacio para lo esencial. Porque el bienestar genuino no se improvisa, se cultiva. Y cada acto consciente, por pequeño que sea, es una semilla de ese bienestar.

Doce rituales cotidianos que sanan

Muchas personas me cuentan que, al levantarse, entran de forma directa en la inercia del hacer: se duchan, desayunan, revisan el móvil... Y así, casi sin darse cuenta, comienza un día más a un ritmo voraz, marcado por el automatismo y las prisas. La mente, sin espacio para despertarse con suavidad, se llena de exigencias, pensamientos dispersos o mensajes negativos que van moldeando el ánimo hacia la irritabilidad, el estrés o el miedo. Se levantan sin realmente habitar su cuerpo, sin saborear el té o el café, sin sentir el privilegio de un nuevo comienzo. Salen de casa desconectadas del instante presente, sin habitar la belleza de lo simple: el milagro de estar vivas, aquí y ahora.

He comprobado en consulta y en los retiros que este ritmo frenético genera sufrimiento y una sensación de vacío profundo. Incluso aquellas personas con grandes proyectos personales o profesionales confiesan que todo pierde sentido cuando no logran valorar lo pequeño, lo cotidiano, lo verdadero. Porque el sentido no solo está en el logro, sino en el trayecto. En el modo en que eliges estar en el mundo. En la presencia con la que caminas cada paso.

Tarde o temprano tendrás que decidir cómo quieres llenar los instantes de tu vida: con presencia o con prisas, con gratitud o con ansiedad, con conexión o con vacío. La vida es ahora. No hay garantía de un mañana. Y cada momento es una oportunidad para comenzar de nuevo con amor y sentido. Incorporar presencia en lo cotidiano es una forma poderosa de lo que se conoce como «meditación informal». Se llama así porque no necesitas delimitar un tiempo o un espacio específico para practicar; solo llevas la atención plena a las actividades diarias. Comer, caminar, ducharte, hablar, escuchar o cocinar pueden convertirse en espacios de consciencia y conexión.

Durante mis años de formación en monasterios y retiros, tuve la fortuna de experimentar esta forma de práctica con maestros que me enseñaron a honrar cada gesto como si fuera sagrado. Dejar fuera la velocidad y atender con cuidado cada tarea como única me permitió establecer un ritmo más integrado, más humano. Con el tiempo, ese ritmo se convirtió en una fuente constante de regulación emocional, equilibrio interno y bienestar. Estas prácticas informales te ayudarán a salir del piloto automático, a bajar el ritmo mental y corporal, a recuperar tu eje. Fortalecerán el vínculo entre tu mente y tu cuerpo, y convertirán tus rutinas en espacios de calma y autocuidado. Por eso quiero proponerte un entrenamiento diario sencillo pero transformador. Porque a veces no se trata de hacer menos para vivir más calmado, sino de transformar la cualidad desde la que haces lo que haces. Se trata de convertir la prisa en presencia, la urgencia en atención amable, de permitir que tu vida esté compuesta por pasos de consciencia plena. No todo merece tu velocidad. Solo lo verdaderamente urgente necesita que aceleres. No podemos vivir en un estrés crónico; es importante discernir para cuidar el equilibrio y la claridad. Sabes que lo esencial siempre necesita tu presencia, de un tiempo y un espacio habitados por ti.

A continuación encontrarás una serie de rituales cotidianos para empezar a practicar, pequeños actos cargados de intención en los que el cuerpo, el movimiento y la atención consciente se entrelazan. Es un entrenamiento suave pero muy poderoso, una forma de empezar a transformar tu vida desde dentro incorporando compasión, presencia y equilibrio a lo más simple: tu día a día.

RITUALES COTIDIANOS

PRÁCTICAS INFORMALES QUE TRANSFORMAN

NO NECESITO HACERLO PERFECTO. SOLO NECESITO ESTAR PRESENTE

1. **Come como si el alimento fuera medicina.** Come con atención plena e incorpora alimentos que nutran tu cuerpo y tu mente. Cada vez que te sientas a comer, tienes una oportunidad sutil pero poderosa de reconectar contigo. Comer no es solo un acto biológico; puede transformarse en un verdadero ritual de cuidado, presencia y gratitud, en una pausa sagrada en medio del ritmo diario. Practicar la alimentación consciente te permitirá frenar el hambre emocional y reconocer patrones automáticos, como comer por ansiedad, aburrimiento o desconexión. No se trata de controlar ni de imponer reglas estrictas, sino de escuchar con amabilidad, de aprender a reconocer tus señales internas y responder a ellas desde el respeto y la sintonía con tu cuerpo. Comer con consciencia es una forma de restaurar la relación con tu biología y tu bienestar integral.

   Convierte cada comida en una experiencia sensorial completa. Observa los colores, las formas, las texturas de los alimentos. Siente su temperatura, inhala sus aromas antes del primer bocado. Mastica despacio, permitiendo que cada sabor despierte tu presencia. Al final, dedica un instante a dar las gracias por el alimento, por el cuerpo que lo recibe, por el momento que te regalas. Porque comer con consciencia es también una forma de amarte.

2. **Camina con atención plena.** Caminar puede ser mucho más que un medio para llegar a un destino; puede convertirse en un acto profundo de conexión contigo y con la vida. Caminar con consciencia es permitir que el cuerpo se exprese y se regule a través del movimiento. Es un modo de calmar la mente, abrir el corazón y volver al ahora.

   Te invito a que transformes cada paso en una práctica de presencia consciente. Camina sin prisas, sin objetivos. Camina sintiendo cada paso como una invitación a regresar a ti. Percibe cómo se mueve tu cuerpo, el ritmo natural de tu respiración, el vaivén de tus brazos, el contacto de tus pies con la tierra. Percibe la textura del suelo, la temperatura del aire, los sonidos que te rodean. Observa sin interpretar. Solo recibe. Deja a un lado el móvil, las preocupaciones y el ruido mental. No es un momento para resolver, sino para habitar. Camina como si no tuvieras que llegar a ninguna parte, solo a ti. Como si cada paso te devolviera a casa, a tu centro, a ese lugar interno que no necesita cambiar nada, solo quiere estar presente.

3. **Dúchate como acto de amor.** Haz de tu ducha diaria un ritual de presencia. Más que una rutina higiénica, conviértela en una pausa sagrada para volver a ti, en una oportunidad para soltar el peso del día, renovar tu energía y habitarte con ternura.

   Entra en el agua como quien se regala una caricia. Siente que cada gota se desliza con suavidad sobre tu piel, que el calor envuelve tu cuerpo y relaja tus músculos, que el sonido del agua crea un silencio interno que te abraza desde dentro. Permite que el aroma del jabón despierte tus sentidos, que el contacto con tu cuerpo te recuerde que estás vivo, presente, y que eres merecedor de cuidado. No te duches con prisas ni con la mente proyectada en lo que vendrá. Aunque sea breve, deja que se convierta en una pausa real. Un acto de amor. No te duches solo para limpiar el cuerpo; deja que el agua también lave tus pensamientos repetitivos, tus emociones acumuladas, tus pequeñas tensiones no expresadas. Imagina que, con cada gota que cae, se va lo que ya no necesitas cargar. Contacta contigo. Mira tu cuerpo con amabilidad, sin juicio. Reconoce todo lo que sostiene cada día. Agradéceselo. Al salir, siente cómo algo en ti ha cambiado, aunque sea apenas perceptible: una capa de presencia más cerca, un gesto de amor más profundo.

4. **Escucha con el corazón abierto.** Escuchar de verdad es un acto de presencia plena. No se trata solo de oír palabras, sino de ofrecer al otro el espacio sagrado de tu atención completa. Tu mente y tu cuerpo se acercan para sintonizarse con el otro. Escuchar es sostener, crear un lugar silencioso y seguro donde el otro pueda abrirse sin temor.

   Cuando alguien te hable, no te adelantes a responder. No interrumpas con tus opiniones, consejos o historias. Respira. Deja que tus pensamientos se aquieten y que tu presencia se vuelva receptiva. Escucha para comprender, no para argumentar ni juzgar. Deja que tu cuerpo se vuelva una casa abierta en la que el otro pueda descansar. No necesitas estar de acuerdo, solo estar. Haz del silencio una caricia, no una pausa incómoda. Da espacio al otro para que termine de decir lo que necesita. A veces no hay mayor acto de amor que una mirada que sostiene, una respiración compartida, un corazón disponible. No escuches para corregir ni para convencer. Escucha con curiosidad amable y el corazón abierto. Este hábito sencillo pero poderoso transformará tus vínculos y los hará más profundos, más verdaderos, más humanos.

5. **Respira antes de reaccionar.** Haz de la respiración un ritual sagrado de presencia. Cada vez que respiras antes de responder estás abriendo un espacio íntimo de libertad dentro de ti. Ese instante de pausa —a veces tan breve como una inhalación consciente— puede cambiar el rumbo de una conversación, de una emoción, de un día entero. Una sola respiración puede evitar que repitas antiguos patrones, que digas algo que no sientes o que te dejes arrastrar por una emoción que no deseas alimentar. Respirar es volver. Volver

a tu cuerpo, a tu centro, a tu claridad. Es anclarte en lo real, justo cuando la mente quiere apresurarse o el corazón se siente desbordado.

En medio de un desencuentro, una emoción intensa o un momento vulnerable, la reactividad suele apoderarse del instante. Las palabras salen con fuerza, impulsadas por viejas heridas, por defensas invisibles que aprendimos a levantar sin darnos cuenta. Pero justo ahí, en ese umbral, puedes elegir. Respira. Siente el aire entrar y salir. Habítate. Recuérdate: «Estoy aquí. Puedo elegir cómo responder». Esa pausa es sabiduría encarnada. Respirar antes de reaccionar es un gesto de amor propio y responsabilidad emocional. Te permite revisar tu intención, conectar con tu parte más lúcida y comunicarte desde la verdad, sin herir, sin esconderte, sin traicionarte. Este pequeño hábito tiene un impacto profundo. Es una práctica silenciosa que cultiva relaciones más sanas, más honestas, más humanas. Porque a veces lo más poderoso no es tener la última palabra, sino saber hacer de una respiración una elección.

6. **Cocina como ritual de cuidado.** No cocines solo por necesidad. Hazlo como un acto de amor. Cambia el ritmo. Detente. Respira. Permítete entrar en ese espacio con la certeza de que estás nutriendo algo más que tu cuerpo: estás alimentando tu presencia, tu salud, tu conexión con la vida. Siente en las manos el contacto con cada alimento, el aroma que despierta tus sentidos. Observa cómo el fuego transforma, el agua danza, los colores se mezclan como en una obra de arte efímera. Escucha los sonidos cotidianos de la cocina como si fueran música: el crepitar del fuego, el susurro del hervor, el ritmo del corte suave. Agradece. Agradece el regalo de la tierra, el tiempo que tienes, la posibilidad de cuidarte desde lo esencial.

Cocinar con atención plena es una forma de meditación activa, una práctica de arraigo, de creatividad, de intuición. Un momento íntimo en el que cuerpo, mente y alma se alinean en un mismo gesto. No importa si preparas algo sencillo o una receta compleja; lo que transforma la experiencia es la presencia con la que la atraviesas.

Haz de cada paso un gesto consciente. De cada preparación, un ritual de cuidado. Cocinar así te recuerda que el bienestar también lo construyes con tus propias manos, que lo cotidiano puede volverse sagrado cuando se hace con intención. Al final, cuando sirvas el plato, siéntelo como lo que es: una ofrenda silenciosa de amor, un «te cuido» y un «me cuido» dichos sin palabras, pero profundamente sentidos.

7. **Haz pausas conscientes** durante el trabajo o estudio. En medio del ritmo acelerado del día, detente. Recuerda algo esencial: no eres un engranaje del hacer constante. Tu mente, tu cuerpo y tu corazón necesitan espacios para respirar, momentos donde no seas solo el que produce, resuelve o corre, sino el que habita, siente y se reencuentra consigo mismo. Cada cierto tiempo, haz una pausa. Aunque solo sea por unos minutos, regálate ese gesto consciente. Cierra los ojos. Respira. Lleva tu atención al cuerpo, al momento presente. Pregúntate: «¿Cómo estoy ahora? ¿Qué necesito? ¿En qué parte de mi cuerpo siento más tensión? ¿Qué pensamiento ocupa mi mente?». No es una pausa para distraerte, sino para reconectarte, un instante de consciencia que te devuelve a ti. Un alto en el camino que corta la inercia del piloto automático y abre un espacio en el que pueden entrar la calma, la claridad, la presencia. Estas breves islas de pausa restauran tu energía mental y emocional.

Puedes marcarlas con una respiración profunda, con un estiramiento lento o con la mirada perdida por la ventana, dejando que el mundo pase sin exigencia.

Lo importante no es cómo lo hagas, sino que te permitas hacerlo. Cada pausa es una oportunidad para volver a tu centro, para recordarte que no solo importa lo que haces, sino también desde dónde lo haces. Cuando actúas desde un lugar en calma, tu día se transforma: trabajas o estudias con más claridad, te relacionas con más humanidad, vives con más sentido.

8. **Abrázate o ten un gesto amable hacia ti.** A veces, lo único que necesitas es recordarte que estás contigo. Que no hace falta que te exijas más. Que no tienes que demostrar nada. Solo estar. Presente. Con amabilidad. Haz una pausa. Lleva una o ambas manos al corazón —o allí donde tu cuerpo necesite calor, contención, abrigo— y respira hondo. Siente ese gesto como un anclaje, una presencia cálida que te abraza desde dentro. Repite en silencio o en voz baja, como un susurro hacia ti: «Estoy aquí para mí. Me acompaño con ternura».

   Este simple acto tiene un efecto profundo: activa los circuitos de la calma en el sistema nervioso, reduce la autocrítica y fortalece la sensación de seguridad emocional. Hazlo en especial en momentos de estrés, juicio o soledad. Hazlo como lo harías con un ser querido. Hazlo porque tú también mereces tratarte con suavidad.

   Este gesto tan sencillo es una forma de empezar a reescribir la relación contigo. De dejar de exigirte perfección y empezar a darte presencia. De pasar de la dureza a la ternura. De recordarte, sin condiciones, que mereces tu propio cuidado. El cuerpo lo recuerda, incluso cuando la mente lo olvida. Haz de este gesto un ritual sagrado, una semilla de compasión sembrada en tu día.

9. **Observa la naturaleza en silencio.** Haz una pausa. Sal, si puedes, o asómate a la ventana. Mira un árbol, el cielo, la forma en la que las hojas se mecen, la danza sutil del viento en las ramas, el paso lento de una nube, el reflejo de la luz sobre una superficie. No necesitas entender nada. No hay objetivos ni metas. Solo mirar. Solo estar. Este gesto sencillo de contemplación es una vía directa al presente, una forma de salir del ruido mental y abrirte, sin esfuerzo, a lo que es. Observa sin juzgar, sin nombrar, sin analizar. Solo observa.

   Permite que tu mente descanse en esa mirada suave. Deja que la vida te hable sin palabras. Siente cómo, en lo simple, se revela lo esencial. Cómo cada hoja, cada sombra, cada forma contienen un universo entero. La naturaleza no tiene prisa. Sin embargo, todo se transforma. Esta práctica cultiva presencia, humildad, gratitud y conexión. Te recuerda que formas parte de algo más grande. Y que, a veces, lo más sanador es simplemente estar, sin querer cambiar nada. Contemplar es amar en silencio. Haz de esta pausa un ritual al que puedas volver cada día para recordarte que estás vivo y que lo esencial muchas veces ya está frente a ti. Contigo.

10. **Ordena los espacios que te acompañan en el día a día.** No hablo solo de limpiar, sino de crear un entorno que refleje tu mundo interior. Un espacio cuidado que te sostenga, que te inspire, que te acompañe en silencio. Cada objeto en su lugar puede ser una invitación a la calma. Cada superficie despejada, un pequeño alivio para la mente.

    Mientras ordenas o limpias, hazlo con atención plena. Siente la textura de lo que tocas, el ritmo de tus movimientos, el sonido del agua, el roce de los objetos, y observa los colores. Respira. Imagina que al ordenar fuera también lo haces por dentro. Que al quitar el polvo de una estantería también eliminas pensamientos innecesarios. Que al doblar una prenda o acomodar un rincón te ofreces presencia y cuidado. Da las gracias a los objetos que te acompañan cada día: la taza que sostiene tu té caliente, la silla que acoge tu cuerpo cansado, la lámpara que ilumina tus noches de lectura. Porque, cuando eliges habitar con consciencia los espacios que te rodean, algo se alinea también dentro de ti. Ordenar se vuelve un gesto amoroso, una práctica de enraizamiento, una meditación activa. Cuida tu espacio como cuidas tu mente. Y cuida tu mente como cuidas un hogar sagrado.

11. **Pon atención plena al despertar y al dormir.** Al despertarte, no tengas prisa. Habita ese momento con presencia. Antes de que la mente se llene de tareas pendientes o pensamientos automáticos, regálate un instante contigo. Inhala profundamente. Siente tu cuerpo despertando, el contacto con las sábanas, la vida abriéndose paso en ti. Ponte una mano en el pecho o el abdomen y, desde ahí, elige una intención para ese día. Por ejemplo: «Hoy elijo caminar con calma», «Hoy me trataré con respeto», «Hoy habitaré mi presente con gratitud». Este pequeño instante de conexión puede ser tu ancla durante la jornada, una semilla que crecerá con cada acto amable que hagas.

    Cuando vayas a la cama, no te duermas en la exigencia. Recuéstate en la ternura. Coloca una mano sobre el corazón. Respira. Conecta contigo después del día vivido. No para juzgarlo, sino para soltarlo. Repite con suavidad, como quien arropa a un niño interior: «Lo he hecho lo mejor que he podido», «Me permito descansar», «Mañana tendré una nueva oportunidad». Deja que el descanso sea también un acto de autocuidado, una rendición confiada no al cansancio, sino al amor que sabe sostener incluso en la quietud de los sueños.

12. **Agradece tres cosas y aprecia tu día.** Antes de dormirte, haz una pausa. Cierra los ojos un instante, céntrate en el corazón y deja que tu respiración se haga más lenta, suave. Revisa con calma tu jornada, pero no desde el juicio, sino desde la comprensión. En lugar de enfocarte en lo que ha faltado o en lo que podía haber sido de otro modo, dirige tu mirada hacia lo que sí ha estado: aquello que te ha sostenido, que te ha tocado el alma, aunque haya sido pequeño. Agradece tres cosas. Pueden ser simples: una conversación sincera, el sol en la piel, una pausa que necesitabas, un límite que has sabido marcar, un alimento que te ha nutrido, el silencio de un momento. No busques lo perfecto. Agradece lo verdadero.

    Al nombrarlas, siente cómo se expande la calidez dentro de ti. Estás reconociendo tu vida. Estás diciendo sí a lo vivido. Luego aprecia tu día y repite en tu interior: «Este día ha formado parte de mi camino. Agradezco lo aprendido, lo sentido, lo vivido. Me doy permiso para cerrar este día con paz». Dormir desde la gratitud te reconcilia contigo y con el mundo. Porque, cuando agradeces, las exigencias se disuelven y dejas espacio para que florezca la ternura.

Elige por dónde comenzarás. No necesitas hacerlo todo a la perfección. Basta con que escojas una o dos prácticas que resuenen contigo hoy y que empieces a integrarlas con constancia y cariño. Poco a poco irás ampliando el rango de tu atención, llevando esa presencia amorosa a más momentos del día: a lo cotidiano, a lo simple, a lo que parecía invisible. Cada gesto consciente es una semilla de bienestar. Cada pausa, una oportunidad para volver a ti. Cuando sientas dudas o impaciencia, recuerda el mantra del mandala que sostiene esta intención: «No necesito hacerlo perfecto. Solo necesito estar presente». Ahí comienza la verdadera transformación.

Diario de reflexión y visualización creativa

Te presento ahora un nuevo aliado en este camino de transformación: un cuaderno de escritura consciente, un diario de reflexión y autoconocimiento, un espacio íntimo en el que registrar cada paso y empuje de tu fortaleza. Sabemos que los principios resultan desafiantes: la inercia de los viejos hábitos puede atraparte en una onda gravitatoria que te haga creer que no serás capaz de cambiar. Pero es ahí donde esta práctica se vuelve poderosa. Porque cada palabra escrita es una afirmación silenciosa de tu compromiso. Cada página, una semilla de pequeñas acciones que se harán significativas con el paso del tiempo. Escribir te servirá para enfocar tu atención en el camino a tu interior, para aumentar el autoconocimiento e impulsarte hacia delante cada día, desde un lugar seguro y lleno de riquezas que empieza a crecer en ti. No necesitas escribir mucho ni hacerlo bien. Solo honestidad y permitir que tu voz interna encuentre un cauce para ordenarse y escucharse.

Esta práctica la introducirás por las mañanas, al despertar, para que tu mente se proyecte clara, en calma y enfocada en lo que deseas; y por las noches, para asentarla en un espacio sagrado, sereno y lleno de apreciación y virtud. Y lo harás para recordarte que, aquí y ahora, tienes la llave a un lugar sagrado que transforma tu vida, paso a paso.

Crear esta rutina no consiste en llenar tu agenda de tareas, sino en sostener pequeños rituales que te ayuden a estar más presente en tu vida. Serán cambios sencillos que profundizarán en la raíz de la verdadera transformación. Porque, además, escribir es un acto de presencia. Cuando llevas tus pensamientos al papel, dejas de ser un espectador pasivo de tu mente y comienzas a observarla con claridad. Un diario no es solo un lugar en el que registrar lo que pasa, sino que te permite comprender cómo lo vives, cómo te afecta, qué patrones se repiten y qué nuevos caminos puedes elegir. Te invito a vivir esta práctica con amabilidad, como una pausa para escucharte, y, desde ahí, vivirte con mayor plenitud.

Este diario que te presento puedes utilizarlo para:

- Anclarte en tus respiraciones conscientes.
- Practicar la micromeditación matinal.
- Registrar tus emociones del día sin juzgarlas.
- Realizar una pausa consciente y encontrarte contigo.
- Reconectar con tu intención cada mañana.
- Registrar los avances en los rituales cotidianos.
- Agradecer, soltar o integrar algo al final del día.
- Anotar tus mantras, frases guía o imágenes que te sostienen.
- Reflexionar sobre los cambios que vas notando en tu práctica diaria.
- Reflexionar sobre los cambios que vas percibiendo en ti.
- Sostenerte en la apreciación de tu camino, tus objetivos y tu propósito.
- Apoyar tu compromiso para lograrlos desde pequeños cambios raíz.

Antes de comenzar, haz una pausa junto a ti

Realiza un par de respiraciones conscientes y recuerda que estás aquí no para exigirte, sino para escucharte, para ofrecerte un espacio donde ser sin pretensión, sin correcciones, sin máscaras. Las personas más felices no son las que tienen una vida perfecta, sino aquellas que han aprendido a cultivar la gratitud y el enfoque. Este diario es un lugar excelente para entrenar la apreciación y equilibrar el sesgo de negatividad del cerebro humano. Cada palabra escrita, cada intención y práctica de apreciación positiva fortalecen tu presencia, claridad y paz interior. Conforman un maravilloso regulador del estrés que irá aumentando tu consciencia, comprensión y foco de atención hacia lo que deseas cultivar en tu vida. Estimularás nuevos objetivos de desarrollo y una intención genuina de manifestar tu día junto a la calma de la mente y la apertura del corazón. Con el tiempo, descubrirás que se ha convertido en el cuaderno que guarda una bonita historia. La tuya. Tu vida y tu camino no merecen quedarse en el vacío de un automático o de una dispersión que olvida su verdadero sentido. Este diario no es un espacio para hacer las cosas bien, sino para permitirte ser, para mostrarte y hablarte con sinceridad, con presencia, con ternura. Aquí no hay respuestas correctas, ni juicios, ni prisas. Solo el pulso de tu experiencia. Tu verdad expresándose día a día, paso a paso. Escribe como si sembraras, como si te acompañaras en voz baja.

Cada palabra es una raíz.
Cada pausa, un acto de cuidado.
Cada página, un refugio.

Diario de reflexión: un espacio para escucharte, sostenerte y crecer desde dentro

Fecha: ______________________________

Lugar/Instante del día: ______________________________

Antes de comenzar, tómate un momento para conectar con tu intención genuina de crecimiento. Respira en calma y pregúntate en silencio: «¿Qué necesito hoy para nutrir mi bienestar, mi confianza y mi seguridad interior?». Tal vez sea ir más despacio. Quizá darte permiso para descansar. O enfocar tu energía, expresar lo que sientes, buscar compañía o abrazar el silencio. Sea lo que sea, míralo con honestidad y sin juicio. Cuando lo reconozcas, pregúntate: «¿Cómo quiero cultivarlo? ¿Qué pequeñas acciones puedo sembrar hoy para hacerlo posible?». Con esta mirada hacia dentro, cierra los ojos con suavidad. Haz dos respiraciones profundas. No busques respuestas desde el esfuerzo. Solo respira y permite que el cuerpo, la mente y la intuición te hablen desde la calma. Recuerda: todo lo que necesitas ya habita en ti.

Y ahora escribe. Sin exigencias. Sin filtros. Solo permítete ser.

«Hoy una nueva oportunidad me espera. ¿Qué pequeña cosa haré para hacer que mi día sea mejor que ayer? ¿Qué ritual transformador elijo?».

Registra tu estado emocional antes y después de realizar el ritual o la práctica informal del día. Anota si ha despertado alguna reflexión importante o si has descubierto algún patrón sobre ti. Por ejemplo: «Me he dado cuenta de que muchas veces como rápido cuando estoy ansioso», «Me he hablado con ternura después de cometer un error», «He podido sostenerme con paciencia al sentir una emoción difícil».

Cuando llegue el final del día, despedirlo con una apreciación positiva y gratitud hará que entrenes y remodeles tu cerebro día a día.

Cierra suavemente los ojos y, tras dos respiraciones profundas, repite desde el silencio de tu mente: «Un lugar sagrado, en calma y lleno de luz existe dentro de mí. Estoy aquí para vivir y merezco sentirme en plenitud. Hoy doy las gracias por...» y anota tres pequeñas cosas que aprecias de tu vida:

> Si está bien para ti, te invito a que cierres tu día dejando en tu mente —en especial en tu inconsciente— una aspiración positiva para mañana. Por ejemplo, podrías desearte: «Mañana me escucharé con más presencia y me hablaré con más amabilidad y comprensión». Este tipo de frases no solo siembran un propósito consciente, sino que reeducan tu diálogo interno, ayudándote a salir de patrones automáticos de crítica o exigencia.

Este sencillo gesto, cuando se realiza de manera consciente y sentida, tiene un impacto profundo en tu bienestar emocional y en tu capacidad de autorregulación. La neurociencia y la psicología han demostrado que el cerebro sigue procesando información incluso durante el sueño. Si antes de dormir colocas una imagen, una intención o una afirmación positiva en tu mente, influyes de forma directa en tu estado interno y preparas el terreno para una respuesta más serena y consciente al día siguiente. Esto se relaciona con lo que se conoce como «intención implícita» o «*priming* positivo»: al visualizar una escena futura en la que te ves actuando desde tu mejor versión —más presente, más compasivo, más en calma—, activas redes neuronales que facilitan que ese comportamiento emerja con mayor naturalidad cuando llegue el momento. También se ha comprobado que la práctica constante de afirmaciones positivas fortalece la autoestima, reduce la ansiedad anticipatoria y mejora el afrontamiento emocional.

Recuerda: lo que siembras antes de dormir puede florecer cuando despiertes. Entrenar para que tu mente sea un lugar seguro te ayudará a reducir el sufrimiento que surge del pensamiento disperso, la ansiedad, la exigencia rígida o las preocupaciones repetitivas. Te permitirá corregir el sesgo negativo y cultivar virtud y bienestar.

Cuando termines de escribir en el diario, ciérralo con cuidado, adopta tu postura habitual de meditación y dedícate unos minutos para cultivar la calma en tu interior a través de la siguiente micromeditación. El ejercicio completo solo te llevará diez o quizá quince minutos, como máximo. Si al practicar sientes que tu mente se inquieta, se distrae con un montón de pensamientos o te cuesta y surgen resistencias, no te preocupes. Es normal. A muchos les sucede. La mente está acostumbrada al ruido; cuando empiezas a invitarla al silencio, quizá se resista, pero solo es un reflejo del proceso de cambio. Cuando suceda, no te juzgues ni abandones. Solo obsérvalo con amabilidad y sigue adelante. Recuerda que son unos minutos para cultivar un lugar seguro en tu mente, un espacio sagrado y virtuoso para cuidar de tu bienestar.

Micromeditación matinal

En un lugar tranquilo y dispuesto para ti, adopta una postura cómoda para comenzar tu meditación. Puedes sentarte en una silla, colocar los pies firmes sobre el suelo y dejar las palmas descansando sobre los muslos; recostarte boca arriba sobre una esterilla, con las piernas ligeramente separadas, los brazos extendidos a los lados y las palmas hacia arriba; o sentarte en posición de loto o semiloto.

Elige la postura que más se adapte a ti, siempre que mantengas la espalda erguida, el cuerpo relajado y la atención presente. Lo importante es que sientas estabilidad, comodidad y libertad para dejar fluir la respiración durante los próximos minutos. Esta meditación breve te ayudará a despertar lleno de calma y virtud.

Cierra los ojos.

Respira suave, lenta y profundamente.

Siente cómo el aire entra en ti como si fuera una caricia, llenando cada rincón de tu ser.

Ahora regresa al lugar seguro que has imaginado, a tu refugio interior. No es un sitio cualquiera, sino un santuario construido por y para ti, un refugio dentro de tu mente donde nada ni nadie pueden hacerte daño.

Aquí el tiempo no corre. No hay juicios, no hay miedos, solo calma.

Es un rincón sagrado tejido con la luz de tu esencia, donde la paz no es un deseo, sino una certeza. Es perfecto. Es tu lugar seguro.

Visualiza tu día desde esta calma, con intención bondadosa y reparadora, con tu propósito para esa jornada. Quizá sea la intención de ser amable, de sostenerte con serenidad en la dificultad, de sonreír más…

Tu día aún está por construir, y puedes hacerlo en armonía. No importa lo que suceda fuera, siempre puedes regresar a ti, a este lugar seguro lleno de amor, solo tienes que cerrar los ojos y respirar suave y con calma.

> Este es tu santuario. Tu hogar.
>
> Permanece por unos instantes en la calma de tu respiración.
>
> Inhala…
>
> Exhala…
>
> El poder de regresar a ti, de atenderte y de escucharte te hace más fuerte y más sabio.
>
> Abre suavemente tus ojos y deséate los buenos días. Con amor.
>
> Recuerda a diario que un lugar sagrado, en calma y lleno de luz existe dentro de ti. Recuerda que estás aquí para vivir y que mereces sentirte en plenitud, sin guerras, sin juicios ni autoexigencias que te lleven al extremo. Tu éxito tiene lugar en la serenidad de tu alma.

Te invito a sembrar dentro de ti las semillas de la gratitud, la presencia, la autocompasión y la atención plena, cualidades esenciales que te ayudarán a sostener el foco de tu intención, tu compromiso y tu acción consciente. Este recorrido no solo fortalece hábitos de bienestar físico y mental, sino que despierta en ti una forma más viva, más clara y más amorosa de habitar tu vida. Tu estado de ánimo, tu equilibrio emocional, la reducción del estrés y la ansiedad, la mejora del sueño y el descanso, el fortalecimiento de tus relaciones y tu resiliencia interior…, todo eso puede florecer con los entrenamientos que te propongo a lo largo de este camino. La ciencia lo ha demostrado. Pero, más allá de los estudios, será tu experiencia la que dará sentido a este proceso. Paso a paso. Respiración tras respiración.

Así comienza el cambio.

Así empieza el regreso a ti.

Esto es solo el principio.

2

La transformación: reprograma tu mente

> Los únicos demonios que hay en el mundo son los que habitan dentro de nosotros.
>
> Ahí es donde debemos librar la batalla.
>
> MAHATMA GANDHI

La transformación más profunda no siempre hace ruido. A veces llega en silencio, como un suspiro que, de pronto, abraza lo aprendido, lo vivido, y lo comprende todo. Y entonces, casi sin darte cuenta, empieza a brotar una nueva forma de estar contigo, una manera de habitarte que, poco a poco, vuelve a llenarse de sentido.

Me gusta contemplar la transformación como un proceso suave, ya que no siempre irrumpe como una tormenta en medio de una crisis. A veces llega como una brisa, un suspiro calmo en mitad del caos. Un instante de claridad entre pensamientos confusos. Una pausa pequeña pero decisiva antes de reaccionar. El cambio no siempre requiere de lucha, pero sí del coraje de sostenerte con amor incluso en la dificultad. En la psicología y la ciencia de la meditación, sabemos que el sufrimiento no desaparece de golpe, que lo que verdaderamente transforma es cómo nos relacionamos con nuestras experiencias internas. Cuando dejamos de resistirnos y comenzamos a mirarnos con aceptación, se activa una nueva forma de regulación emocional más compasiva, flexible y consciente. Y, desde ahí, el cambio emerge no como imposición, sino como comprensión encarnada. Ni el miedo ni las exigencias se esfuman, ni tampoco la ansiedad se borra con un gesto. Pero, en cuanto empiezas a entrenar tu mente, algo profundo inicia una transformación. Y no es tanto el mundo como la forma en que lo miras. Los mismos paisajes interiores, que antes parecían grises o sombríos, comienzan a iluminarse con una luz nueva. Una más serena, más sabia, más amable. El juicio interno empieza a disolverse, la exigencia cede y el diálogo interior se vuelve más compasivo, más humano. Ya no luchas tanto contra ti. Inicias un acompañamiento personal y surge una voz, suave y verdadera, que te susurra: «Está bien. Lo estás haciendo lo mejor que puedes».

Esa transformación sutil comienza a manifestarse en pequeños gestos cotidianos: cómo te hablas, cómo respiras, cómo respondes. Y, aunque parezcan imperceptibles, estos cambios dan forma a tu percepción presente... y al ser en quien te estás convirtiendo. Dejas de caminar en automático y empiezas a habitarte desde la plenitud.

El camino del autoconocimiento y la meditación te libera de los condicionamientos, de las creencias limitantes, de los viejos personajes que distorsionaban tu mirada. Y, desde ahí, se abre una vida distinta, una en la que puedes respirar antes de reaccionar, poner límites sin culpa, prestar atención a tu mundo emocional para transitarlo y escucharte, para ocuparte de ti sin tener que arreglarlo todo. Te das permiso para descansar. Para detenerte. Para descubrir que no hay batallas que pelear ni partes que eliminar. Solo una totalidad luminosa, colmada de virtudes, que ya habita en ti esperando ser reconocida. Entonces dejas de ver la vida como una carrera y empiezas a sentirla en su fluir constante, donde cada momento es completo en sí mismo y tan valioso como efímero. Cada instante se vuelve fértil. Y tú recuperas el poder de sembrar en él las causas y condiciones que darán forma a la vida que realmente deseas. No allá lejos, sino aquí y ahora. Aprenderás a habitar cada paso con presencia, a caminar sin exigencias, sin la ilusión del control o la perfección. Y poco a poco irás regresando al centro, a ese espacio interno donde la relación contigo —y con los demás— se vuelve más honesta, más sensata, más cálida. Porque en realidad solo te estás esperando a ti. Para desplegar tu potencial, caminar sin miedo y crear, desde un lugar seguro en tu mente, una vida con sentido.

Te invito a transitar por estas páginas con apertura y presencia. Aquí comienza la transformación profunda y silenciosa guiada por uno de los mayores desafíos del camino interior: resignificar el concepto «sufrimiento» y tu percepción de la felicidad. Este es el umbral hacia un equilibrio más profundo. Uno que te sostiene con ternura en medio de la dificultad.

Recuerda que tienes la llave; ahora solo has de acompañarte y caminar hacia una vida más plena y con sentido.

Que tengas un feliz camino.

COMPRENDER PARA LIBERAR: DEL SUFRIMIENTO A LA FELICIDAD GENUINA

Muchas veces he pensado en lo transformador que sería que, desde pequeños, nos enseñaran cómo nace el sufrimiento humano y de qué manera lo alimentamos sin darnos cuenta. Todos anhelamos una vida plena, pero el sufrimiento —con sus pensamientos repetitivos, sus resistencias y sus miedos— puede nublarnos tanto que nos perdemos en la vida, incluso de nosotros mismos. Comprender cómo surge y cómo podemos liberarnos de él no es un mero ejercicio intelectual; es el primer paso hacia la verdadera transformación. Porque, cuando aprendemos a desactivar esas causas internas y a relacionarnos de otra manera con lo que vivimos, se desvela lo más luminoso: la felicidad genuina. Esa paz y serenidad que no dependen de nada externo, ese bienestar profundo y esa confianza en la vida que siempre han estado dentro de nosotros, un recordatorio amoroso de que la plenitud no es un destino, sino una forma de habitar cada instante.

Para cultivar la felicidad verdadera, el viaje no es hacia fuera, sino hacia dentro. Esa dicha que tanto buscamos no es una conquista externa, sino una reconexión con algo que ya habita en nosotros. Sin embargo, a lo largo del tiempo, hemos ido perdiendo el contacto con ella, cubriéndonos con capas y capas de sufrimiento, miedos, exigencias, frustraciones…, defensas que han ido alejándonos de lo esencial para el camino. Es cierto que el exterior —el entorno, las experiencias, las relaciones— ejerce una gran influencia sobre nosotros, pero no olvidemos el gran poder de nuestra mente para hacer algo constructivo y saludable con ello. Desde la psicología, sabemos que no es el evento en sí lo que determina nuestro bienestar, sino cómo nos relacionamos con lo que ocurre. La mente, cuando está entrenada, se convierte en nuestro mayor recurso para transformar el dolor en aprendizaje y el ruido en claridad. Queremos que nada nos perturbe, y este poder no se controla fuera, sino que se entrena dentro. Una mente resiliente no evitará el sufrimiento —es algo que no depende de nosotros—, pero sí podrá disolverlo y transformarlo. Soltarlo y dejarlo ir. A cada instante, paso a paso. Por eso el autoconocimiento es uno de los pilares fundamentales en este camino. Porque, cuando comprendes tu mundo interno, cuando conoces tus recursos y abrazas tus limitaciones, cuando cultivas un lugar seguro dentro de ti, puedes iluminar tus sombras con ternura, elaborar tus miedos sin juicio y abrirte con más amplitud a tu propio potencial. Tus pensamientos, tus emociones y tus acciones no son pasajeros sin rumbo. Son fuerzas vivas que puedes observar, comprender y dirigir con sabiduría. La neurociencia ya ha demostrado que el cerebro cambia con lo que practicas de forma repetida y que lo que entrenas con consciencia… florece. Así que recuerda: detente. Respira. Habita el presente y practica. Confía en tus recursos. Todo lo que necesitas para transformar tu vida ya está en ti. Solo necesitas mirar hacia dentro y recordarte que hay un gran poder en tu interior. Repite esto en voz alta o en silencio, y deja que las palabras despierten tu poder:

No permitiré que el miedo gobierne mi mente.
No es más que una sombra pasajera, una ilusión que amenaza con consumirlo todo.
Me enfrentaré a él sin huir, dejando que pase a través de mí, sin arraigarse.
Y cuando se disipe miraré hacia dentro y descubriré que en el vacío que deja no hay nada.
Solo yo y mi fortaleza.

¿Quién no se ha encontrado sumergido en escenarios abrumadores y laberintos creados por su propia mente? Proyecciones catastróficas, miedos que paralizan, diálogos internos llenos de juicio, exigencia y autocrítica… Cuando este ruido mental se vuelve constante, emociones como la ansiedad, la desesperanza o el inconformismo se instalan en silencio y se convierten en un modo de vivir, generando nuevas causas y condiciones que alimentan la espiral del sufrimiento. Pero no tiene por qué ser así. El camino del autoconocimiento te permite reconocer esos patrones mentales, comprenderlos e integrarlos (o soltarlos) en un ajuste más funcional y saludable. Puedes dejar de alimentar el sufrimiento innecesario y aprender a vivir con más ligereza, claridad y plenitud. Sabemos que entrenar la mente a través de la consciencia presente reduce la reactividad emocional y fortalece la autorregulación, incluso ante pensamientos o emociones difíciles. No hay atajos. Solo la decisión de caminar contigo, paso a paso. Con paciencia, con amabilidad, con la firme intención de ser tu propio refugio seguro. Una alianza contigo mismo desde la que puedas crear, momento a momento, la vida que realmente deseas. Dedicarte este tiempo no es un lujo, es una forma de recordar que estás vivo. Y que mereces habitarte con amor.

Una vida brillante empieza con una vida interior plena, serena, con sentido y llena de virtud. No me dejaré llevar por las sombras.

SEMILLAS DE FELICIDAD GENUINA: ANTÍDOTOS PARA DISOLVER EL SUFRIMIENTO Y CULTIVAR LA PLENITUD

Primer paso raíz: la felicidad como camino

Una de las principales causas del sufrimiento es que vivimos dentro de una falsa creencia sobre la felicidad. Nos han enseñado a perseguirla como si fuera un destino, como si estuviera oculta detrás de un logro, de una meta, de una versión perfecta de nosotros mismos que nunca llega. Hemos creído que es algo que se alcanza, no algo que se vive y que podemos sentir a cada instante. Creemos que la encontraremos cuando tengamos éxito, cuando nos amen, cuando estemos en el lugar perfecto. Vivimos dentro de esta confusión egocéntrica basada en tener más o en ser los mejores. Pero ¿cuántas veces hemos llegado a donde creíamos que seríamos felices y nos hemos dado cuenta de que todavía nos falta algo? Aquí empieza uno de los ciclos que perpetúa el sufrimiento, uno de los autoengaños que nos llevan a caminar en la oscuridad, dentro de la urgencia de una vida sin sentido: siempre falta algo, aunque en realidad podemos sentir que lo tenemos todo. La felicidad genuina no es un premio al final del trayecto, ni una promesa que depende de lo que tenemos o logramos, ni una recompensa que aparece cuando todo está resuelto. Es un estado. Un instante. Una elección que sucede aquí y ahora, incluso en medio de la imperfección.

Así pues, una de las primeras creencias que te invito a soltar es esta: la idea de que la felicidad es una meta. La felicidad no es algo que vendrá, es algo que se revela cuando dejas de buscarla fuera. Cuando te detienes, respiras y escuchas ese susurro interior que siempre ha estado contigo, esperando que lo reconozcas. Un susurro de apreciación, una presencia plena colmada de calma, amor y dicha. Cuando aprendes a implicarte en cada momento desde lo que eres, no desde lo que esperas obtener, tu vida se vuelve significativa. No porque todo sea perfecto, sino porque aprendes a habitarla desde un lugar sagrado, siendo completo en el aquí y ahora. Sin el peso y la dependencia del resultado, sin la expectativa de lograr algo. Y cuando lo haces no dependes de lo externo para sentirte en paz. Sigues caminando hacia tus metas, pero tu equilibrio, tu alegría y tu serenidad ya viven en ti, no están a la espera.

Frente a la idea de una felicidad aplazada —siempre al final de alguna meta—, existe otra posibilidad más real, más amable: la felicidad como compañera de camino. No como algo que se alcanza, sino como una forma de estar, de mirar, de sentir. Una fuente interna de serenidad y aprecio por lo que es, tal y como es. Pero a menudo nos lo ponemos difícil. Queremos sentirnos mejor y terminamos atrapados en una confusión egocéntrica en la que el afán por tener más se disfraza de necesidad vital. Y no se trata de negar nuestros deseos ni de soltar metas o sueños. Se trata de cómo los habitamos, cómo los perseguimos y desde qué lugar interior los sostenemos. El problema no es desear, sino creer que, solo cuando lo deseado se cumpla, podremos ser felices. Ese tipo de expectativa crea una dependencia silenciosa: una felicidad condicionada que se convierte en ansiedad, frustración o vacío, mientras la vida pasa sin que la vivamos. Necesitamos una felicidad libre. Plena. No sujeta a resultados, logros o validaciones externas. Una felicidad genuina que no nazca del tener, sino del ser. Una que no se agote porque no dependa de las circunstancias.

La psicología y la tradición contemplativa de la meditación coinciden: cuando entrenamos la mente para cultivar la atención plena, la gratitud y la compasión, despertamos una dicha más estable, menos reactiva, más profunda. No es euforia. Es quietud. Es plenitud tranquila. Un estado que siempre estuvo en ti, pero que quedó velado por las proyecciones del ego y el ruido del deseo constante. Cuando reprogramas tu concepto de felicidad y aprendes a valorar el instante como completo en sí mismo, empiezas a vivir desde un lugar más auténtico, más consciente. La realización ya no se mide por lo que logras, sino por cómo caminas hacia ello: en coherencia con tus valores, tu propósito, tu verdad. Y, desde ahí, surge una libertad interior que no depende de nada externo. Una paz que no se negocia con lo que pasa fuera.

No postergues tu bienestar. No pongas tu felicidad en pausa hasta que no llegue «lo que falta». La vida no espera, y tú tampoco deberías hacerlo. Siembra presencia. Siembra gratitud. Siembra consciencia. Porque el ahora es lo único disponible. Y no mereces una vida «en espera». Mereces habitar tu camino con gozo, paso a paso, y reconocer que cada momento tiene valor completo en sí mismo. Mereces seguir el camino hacia tus sueños sin perderte, sin perder la plenitud del ahora.

Antídoto: tres rituales de transformación para el primer paso raíz

Comienza por detenerte un momento. Respira. Haz una pausa en medio del ruido, del hacer, del impulso constante de llegar a otro lugar. Ahora suaviza la mirada y permite que tu atención descienda hacia lo más simple. Observa los pequeños detalles que te rodean en estos momentos de lectura: una taza caliente entre las manos, la luz que entra por la ventana, el susurro del viento, el ritmo silencioso de tu respiración o el latido sereno del corazón. Mira sin buscar, escucha sin esperar. Deja que cada cosa sea como es, sin necesidad de cambiarla. Permítete sentir la vida tal como se manifiesta ahora: simple y completa, silenciosamente milagrosa. Tu vida no exige más que ser vivida, hazlo con plenitud.

Práctica de entrenamiento

1. **Honra tu día como un fin en sí mismo,** como un reflejo único e irrepetible de tu vida, no como un medio para alcanzar algo más. Cuando adoptas esta

actitud, algo profundo cambia: empiezas a valorar el presente como un completo en sí mismo, en lugar de postergar tu bienestar a un futuro que nunca acaba de llegar.

Esta práctica sencilla pero poderosa calma la mente y disuelve la ansiedad de no estar aún donde deberías. Te recuerda que este instante es suficiente y que tú ya eres digno de paz, aquí y ahora.

2. **Reconoce la plenitud que habita en ti.** Siéntate en silencio unos minutos. Respira con calma. Reconoce, sin esfuerzo, la plenitud que ya existe dentro de ti, sin necesidad de cambiar nada. Detenerte aunque solo sea unos segundos rompe la inercia de las prisas y la búsqueda externa. Y en ese pequeño gesto recuerdas que posees una plenitud esencial solo por el hecho de estar vivo.

   Esta práctica es una invitación a sentir gratitud por tus cualidades innatas, por el milagro de la vida, por la posibilidad de estar aquí, contigo. La felicidad auténtica no depende de alcanzar nada externo. Nace cuando estás en paz contigo, cuando habitas el momento sin carencias imaginadas. Cultivar esta mirada interior disuelve la ilusión de que falta algo y te ancla en la quietud serena de lo que ya está completo.

3. **Agradece lo pequeño con atención plena.** Detente un momento y aprecia, con atención plena, al menos tres detalles cotidianos que suelan pasarte desapercibidos: la textura del aire en tu piel, el aroma de una bebida caliente o la calidez de una mirada. Cultivar esta apreciación consciente transforma lo ordinario en extraordinario, y te permite encontrar satisfacción real en lo que ya está ahí.

   Las investigaciones en psicología positiva han demostrado que practicar la gratitud incluso por los gestos más simples de la vida diaria se asocia con mayores niveles de bienestar, alegría y resiliencia. Además, cuando entrenamos la atención plena en lo que nos rodea, reducimos la tendencia a vivir en piloto automático y el anhelo constante de perseguir algo que aún no llega. Estar presente y agradecer lo pequeño es una forma silenciosa pero poderosa de volver al ahora y encontrar plenitud en él.

Claves para la práctica

1. **Honra tu día como un fin en sí mismo:**
   - Idea central: cada día es un reflejo único e irrepetible de tu vida.

- Beneficio: te invita a valorar el presente en vez de posponer tu bienestar.
- Resultado: reduce la ansiedad por «no haber llegado» y fortalece la conexión con el ahora.

2. **Reconoce la plenitud que habita en ti:**
   - Idea central: no necesitas alcanzar nada para sentirte completo.
   - Práctica: siéntate en silencio, respira y conecta con tu presencia sin cambiar nada.
   - Resultado: disuelve la ilusión de carencia y activa una sensación de paz, plenitud y gratitud.
3. **Agradece lo pequeño con atención plena:**
   - Idea central: la gratitud consciente transforma lo cotidiano en fuente de bienestar.
   - Práctica: observa al menos tres detalles simples del día con atención plena.
   - Evidencia: la psicología positiva demuestra que este hábito aumenta la felicidad y reduce el piloto automático.

Reflexión contemplativa

¿Y si hoy eligieras enfocarte en todo lo que tienes en lugar de en lo que crees que te falta? ¿Cómo cambiaría tu manera de mirar, de sentir y de estar en la vida?

La felicidad genuina, a diferencia de la hedónica, no se construye a partir de condiciones externas ni depende de lo que la vida te da o te quita. Nace de tu forma de estar presente, de cómo te relacionas con cada instante, con cada experiencia, con cada parte de ti. Cuando eliges vivir desde la gratitud, el ego se silencia y deja espacio para que emerja algo más profundo: la dicha de ser, una paz que no exige nada, una plenitud que no se busca… porque ha estado contigo desde siempre.

ANTÍDOTO

MANDALA DE LA ABUNDANCIA PRESENTE

ELIJO ENFOCARME EN MI ABUNDANCIA PRESENTE

Mandala de la abundancia presente

Este mandala es un mapa de autoconsciencia, una brújula silenciosa que te acompañará en tu transformación interior. Su propósito es ayudarte a disolver un sufrimiento muy común: el que nace de depender de lo externo —de los resultados, de lo que logras, de lo que posees— y de las creencias limitantes que han condicionado tu forma de mirarte y de mirar el mundo. Al contemplarlo con atención, irás reconociendo esas narrativas que te alejan del presente y, poco a poco, permitirás que los antídotos actúen abriendo espacio, trayéndote calma, devolviéndote la sensación de estar completo aquí y ahora. Pasarás de la búsqueda ansiosa a la serenidad de habitarte. Este mandala no es un adorno, sino un recordatorio vivo de tu compromiso con una vida más plena, agradecida y consciente. Cada vez que lo contemples, déjate guiar hacia lo esencial: detente, mira con el corazón abierto y recuerda que la plenitud no está en la meta, sino en el camino.

Comienza contemplando el centro —la creencia limitante «La felicidad como meta»— y, desde ahí, avanza poco a poco hacia fuera, dejando que cada forma y espacio te conduzcan a un estado de mayor claridad y libertad. En cada anillo puedes hacer una pausa y contemplar las palabras o frases, reflexionando sobre cómo se aplican en tu día a día. Este recorrido te ayudará a integrar cada nivel de la enseñanza: primero, a entender el problema; luego, a absorber los remedios y ponerlos en práctica mentalmente; por último, a asentarlos con la práctica final.

En el primer anillo encontrarás los antídotos, actitudes que contrarrestan la obsesión de ver la felicidad como una meta futura. Funcionan como puertas de salida del círculo de sufrimiento central: al enfocarnos en los pequeños detalles y en la gratitud por la vida, comenzamos a disolver la creencia de que nos falta algo para ser felices.

En los rayos luminosos se desarrollan las prácticas conscientes que sirven para arraigar la mente en el presente y reconocer la plenitud del momento actual. Cada vez que se expanden, te permiten desarrollar la apertura al momento presente. Estas prácticas se representan con palabras clave dispuestas de forma radial. Al recorrer visualmente este anillo, puedes hacer una pausa en cada práctica, reflexionar sobre cómo incorporarla a tu rutina diaria y sentir sus efectos.

A continuación, en el anillo externo encontrarás la contemplación clave: «Elige enfocarte en todo lo que ya tienes». Esta reflexión cierra el mandala y brinda una invitación directa a tu consciencia. La contemplación está formulada para que, cuando medites en el mandala, dirijas tu atención a la abundancia presente en tu vida en lugar de enfocarte en lo que crees que te falta.

Para acabar, puedes realizar la siguiente visualización. Tras familiarizarte con el mandala a nivel intelectual, te invito a que cierres los ojos y te imagines su estructura. Visualiza su centro, donde habita la raíz del sufrimiento: la creencia de que la felicidad es una meta, representada como un núcleo oscuro que contiene la búsqueda insaciable. Poco a poco, imagina cómo emergen destellos de luz a su alrededor: antídotos y prácticas que se expanden como rayos luminosos, envolviendo y transformando esa oscuridad. Deja que el mandala se convierta en una estrella radiante que se abre hacia fuera, iluminando tu interior. Permanece unos instantes en la sensación amplia y serena de gratitud, confianza y dicha del ser. Integra en tu corazón la reflexión esencial: elige enfocarte en la abundancia presente. En esta contemplación, dirige tu intención a soltar con suavidad la creencia central que oscurece tu camino y permite que la claridad de sus antídotos ilumine tus pasos.

También puedes llevar este mandala como anclaje visual para que te acompañe en tu práctica diaria, en especial cuando surjan situaciones vinculadas a la causa raíz que estás transformando. Hazle una foto o imprímelo y colócalo en un lugar visible. Cada mañana —o en momentos de estrés o desconexión—, detente unos minutos para contemplarlo en silencio. Esta sencilla práctica puede ayudarte a recalibrar tu perspectiva, centrar tu mente en lo esencial y suavizar la tendencia automática al aferramiento o a la evitación. Su presencia gráfica actúa como un ancla, un recordatorio visual de las enseñanzas del texto.

Segundo paso raíz: soltar la expectativa del control

La segunda gran fuente de sufrimiento surge de una creencia profundamente instalada: «El mundo debería responder tal y como yo quiero». Nos aferramos a la idea de que la vida debería responder a nuestros planes, a que las personas tendrían que actuar como esperamos y a que el universo, de algún modo, debería alinearse con nuestros deseos. Pero, una y otra vez, la realidad nos recuerda una verdad esencial: el mundo no está diseñado para satisfacer nuestras expectativas. Y justo en la distancia entre lo que ocurre y lo que creemos que debería suceder brotan la frustración, la rabia o el desánimo. Sufrimos cuando los hechos no encajan en nuestros planes. Nos bloqueamos cuando los demás no responden como imaginábamos. Nos resistimos a lo que es porque no coincide con lo que hemos idealizado. Así, convertimos la vida en una lucha contra lo inevitable, en lugar de abrirnos a la posibilidad de aprender de cada instante tal y como llega.

Esta resistencia se convierte en fricción mental y en una fuente de angustia emocional. En psicología, la evidencia nos muestra que el sufrimiento innecesario no proviene de la experiencia en sí, sino de nuestra lucha contra ella. Cuanto más intentamos controlar o evitar lo inevitable, más nos desconectamos del presente y de la capacidad de responder con claridad y discernimiento. Nos perdemos en la rumiación de un pasado que no podemos modificar o proyectamos un futuro que esperamos controlar en cada detalle. Pero ¿y si la clave no estuviera en cambiar el mundo, sino en modificar nuestra manera de mirarlo, la forma en que nos relacionamos con la experiencia, con lo que sucede en cada instante del presente?

La paz no llega cuando todo encaja a la perfección, sino cuando dejamos de luchar contra lo que es. Cuando entendemos que la vida no nos debe nada, sino que nos lo ofrece todo. Cuando la recibimos con apertura y humildad. Aceptar la realidad no es resignarse, es un acto profundo de madurez emocional, sabiduría y regulación. Es soltar la ilusión de control para abrirnos a lo que la vida nos ofrece, pero no desde la pasividad, sino desde la apertura y el discernimiento. Aceptar no significa aprobar lo que sucede, sino dejar de resistirnos para responder con mayor libertad.

Aceptar es el primer paso para restablecer el equilibrio interior. Es crear el espacio interno desde el que puedas responder, en vez de reaccionar. Es entender que la verdadera transformación no comienza fuera, sino dentro, en la forma en que decides mirar, sentir y actuar. Porque tu fortaleza no reside en imponer tu voluntad, sino en cultivar la flexibilidad de quien puede adaptarse sin quebrarse. La verdadera seguridad no siempre vendrá del exterior; a veces será como un paraguas invisible que despliegas desde dentro, una estructura interna amorosa, estable y consciente que te sostiene incluso en medio de la incertidumbre.

Dentro de ti habita una gran capacidad de adaptación, una sabiduría emocional y corporal que sabe cómo volver al centro, soltar lo que ya no sirve y recibir el presente con apertura y confianza. La práctica no consiste en controlar, aferrarte o resistirte, sino en restablecer el equilibrio con lo que la vida te ofrece en este momento. Aceptar es abrir los ojos y el corazón. Es estar lo suficientemente presente como para transformar, desde dentro, lo que la realidad te trae. Soltar con serenidad, recibir con confianza y actuar con discernimiento. Esa es la práctica, la verdadera transformación que te devuelve al presente, a la oportunidad de crecer y despertar.

Antídoto: tres rituales de transformación para el segundo paso raíz

Cuando algo te incomode o te perturbe, comienza por detenerte. Respira hondo y siente el instante tal como es, sin intentar cambiarlo de inmediato, sin juzgarlo. Observa lo que sucede dentro y fuera de ti con una mirada nueva, como si lo vieras por primera vez. Reconoce que en ti habita una capacidad natural de adaptación, una sabiduría serena que puede sostener lo inesperado. Entrenar una mirada ecuánime significa aprender a descubrir el sentido incluso en lo que no has elegido. Cuando aparezca la tensión por querer controlar el resultado, haz una pausa consciente, inhala profundamente y, al exhalar, imagina que sueltas ese impulso como quien deja caer un peso innecesario de los hombros. Puedes acompañar este gesto con una frase interna que te ancle: «Confío en la vida. Me permito fluir con lo que es».

Repetir este pequeño ritual —una pausa, una respiración, una intención— se convertirá con el tiempo en una práctica transformadora. Te entrenará para vivir con más ligereza, sin la ansiedad de forzar cada detalle, sin la urgencia de tener todas las respuestas al instante. Descubrirás que muchas situaciones encuentran su propio equilibrio sin tanta intervención ni tanta resistencia, y que puedes mantener tu paz incluso en la incertidumbre. Confiar y aceptar no implica que no actúes o que te rindas. Es hacerlo desde un lugar más sabio. Es elegir tu respuesta con claridad, coherencia y calma. Actuar sí, pero sin reactividad. Sin irritación. Sin sacrificar tu paz. Así nace la transformación: desde una mente serena, un corazón disponible y una voluntad alineada con lo que de verdad importa.

Práctica de entrenamiento

Suelta, con serenidad, aquello que no puedes controlar. Reconoce lo que no depende de ti. Permite que el acto de soltar se convierta en un gesto sagrado, una ofrenda silenciosa de confianza en el momento presente. Observa cómo la vida se despliega por sí misma, a su ritmo, con un orden que en ocasiones no comprendemos pero que muchas veces nos lleva a donde necesitamos estar. Soltar el control es confiar. Es reconocer que, aunque las cosas no sucedan como imaginabas, seguirás estando bien. Porque dentro de ti habita una fuerza tranquila, una capacidad de adaptarte, reconstruirte y avanzar con dignidad, con calma, sabiendo que puedes sostenerte en medio de cualquier cambio.

Ábrete a lo que es sin imponer cómo crees que debería ser. Permite que la experiencia te habite sin lucha, como un río que fluye a través de ti. Confía en la sabiduría silenciosa del flujo de la vida. La práctica de aceptación radical no consiste en estar de acuerdo con todo lo que sucede, sino en reconocer la realidad tal como se presenta, sin resistencias, sin maquillajes, sin lucha. Porque solo cuando aceptas una situación con honestidad puedes influir en ella desde un lugar más sabio y centrado. Y, si no está en tus manos cambiarla, también podrás soltarla sin cargar con el peso de la frustración o el juicio. Soltar expectativas es aprender a estar en paz con lo que es. De esa paz nace una libertad interior serena y transformadora, una nueva forma de habitar la vida con más presencia, más verdad y menos miedo.

Confía en la inteligencia profunda del presente. Con cada gesto de aceptación, transformas la resistencia en armonía. Deja que cada experiencia sea tal como es, sin apurarla ni forzarla. En lugar de rechazar o juzgar lo que ocurre —pensando «Esto no debería estar pasando»—, cultiva una actitud de apertura, de curiosidad amable. Permítete sentir sin la necesidad de cambiarlo todo de inmediato. Esto también forma parte del camino. Porque la sabiduría contemplativa no niega la dificultad, sino que te invita a abrir el corazón incluso a lo que incomoda, a recibir la vida con toda su imperfección y belleza, a reconocer que cada instante —incluso el más incierto, confuso o doloroso— forma parte del tejido único de tu camino, de tu transformación.

Claves para la práctica

1. **Suelta el control con serenidad:**
   - Idea central: reconoce cuándo intentas forzar que la realidad sea distinta o cuándo te aferras a que todo ocurra según tus planes. A continuación, suelta con serenidad lo que no está en tus manos y permite que el acto de soltar se convierta en un gesto profundo de confianza hacia la vida.
   - Beneficio: disminuye la ansiedad, el agotamiento mental y la frustración al reducir la necesidad de tener certezas constantes.
   - Resultado: emergen la resiliencia y la claridad interna. Actúas con calma, sin reactividad, y te mantienes conectado a lo esencial.

2. **Acepta sin imponer:**
   - Idea central: ábrete a lo que es, sin imponer cómo debería ser. Reconoce la realidad tal como se presenta, sin lucha ni juicio.
   - Beneficio: te libera de la frustración constante que nace de la expectativa no cumplida y te permite responder desde un lugar más auténtico.

- Resultado: surge una libertad interior que te permite vivir con más paz, soltando la necesidad de controlar lo externo.

3. **Confía en la sabiduría del momento:**
    - Idea central: espera en la inteligencia profunda del presente. Cada experiencia —incluso las más difíciles— guarda una enseñanza: si te detienes a escuchar, la vida siempre tiene algo que mostrarte.
    - Beneficio: reduce la reactividad y promueve una presencia amable que transforma la incomodidad en aprendizaje.
    - Resultado: desarrollas una mirada ecuánime que te permite sostenerte con serenidad en la incertidumbre.

Reflexión contemplativa

¿Y si hoy eligieras apreciar lo que es, agradecer lo que tienes, soltar lo que te pesa y recibir con amabilidad todo lo que llega? Aquí y ahora, vive deliberadamente en la apreciación y la entrega. Y pregúntate: «¿Qué puedo aprender de esta situación? ¿Qué cualidades puedo entrenar o desarrollar en esta experiencia?».

La paz no llega cuando todo encaja a la perfección, sino cuando dejamos de luchar contra lo que es. Tu verdadera fuerza no reside en imponer tu voluntad, sino en encontrar el equilibrio incluso en medio de lo inesperado. Cuando abandonas la pelea constante con la realidad, dejas espacio a la paz y al aprendizaje.

ANTÍDOTO

MANDALA DE LA CONFIANZA SERENA

ACEPTO CON AMABILIDAD TODO LO QUE LLEGA

Mandala de la confianza serena

Este mandala funciona como un mapa visual de autoconsciencia, una herramienta simbólica que te ayudará a disolver el sufrimiento que nace de la expectativa rígida de que la vida, las personas o el mundo deberían responder tal como tú deseas o imaginas, y de las creencias limitantes que has heredado o construido en tu camino que generan frustración, resistencia y distancia con el presente. Al contemplarlo, irás recordando que la verdadera libertad no está en controlar cada detalle, sino en cultivar la flexibilidad, la confianza y la apertura ante lo que es. Sus símbolos representan los antídotos que, con suavidad, desplazan la rigidez mental hacia la aceptación, el control ansioso hacia la serenidad y el juicio hacia una mirada más amplia y apreciativa. Servirá como guía silencioso en tu camino de autoconocimiento, un recordatorio amable de tu compromiso con una forma de vivir más consciente, enraizada en la aceptación, la confianza serena y la apreciación. Cada vez que lo observes, deja que su simbología despierte algo dentro de ti: una intención renovada, una pausa significativa, un regreso a lo esencial. Así, lo que comenzó como un simple gesto visual puede convertirse en un ancla profunda para tu transformación interior.

Empieza contemplando el centro —la creencia limitante de control «El mundo debería responder como yo quiero o imagino»— y luego muévete poco a poco hacia fuera. En cada anillo puedes hacer una pausa y contemplar las palabras o frases, reflexionando sobre cómo se aplican en tu día a día. Este recorrido te ayudará a integrar cada nivel de la enseñanza: primero, a entender el problema; luego, a absorber los remedios y ponerlos en práctica mentalmente; por último, a asentarlos con la práctica final.

En el primer anillo encontrarás los antídotos, actitudes que contrarrestan la creencia rígida de que el mundo debería responder tal y como deseas o imaginas. Funcionan como puertas de salida del círculo de sufrimiento central: al soltar, aceptar y confiar en la vida, comenzarás a disolver el aferramiento y la aversión, convirtiendo la rigidez de controlar lo que sucede en la flexibilidad de fluir y construir a partir de lo que hay.

En los rayos luminosos se desarrollan las prácticas conscientes que sirven para arraigar la mente en el presente y reconocer la plenitud del momento actual. Cada vez que se expanden, te permiten desarrollar la apertura al momento presente. Estas prácticas se representan con palabras clave dispuestas de forma radial. Al recorrer este anillo, puedes hacer una pausa en cada práctica, reflexionar sobre cómo incorporarla a tu rutina diaria y sentir sus efectos.

A continuación, en el anillo externo encontrarás la contemplación clave: «Vive con apreciación y entrega». Esta reflexión cierra el mandala y brinda una invitación directa a tu consciencia. La contemplación está formulada para que, cuando medites en el mandala, dirijas tu atención a la capacidad de encontrar el equilibrio en lo inesperado.

Para acabar, puedes realizar la siguiente visualización. Tras familiarizarte con el mandala a nivel intelectual, te invito a que cierres los ojos y te imagines su estructura. Visualiza su centro, donde habita la raíz del sufrimiento que proviene del control y la rigidez de expectativas, representada como un núcleo oscuro. Poco a poco, imagina cómo emergen destellos de luz a su alrededor: antídotos y prácticas que se expanden como rayos luminosos, envolviendo y transformando esa oscuridad. Deja que el mandala se convierta en una estrella radiante que se abre hacia fuera, iluminando tu interior. Termina con la sensación amplia de apreciación y entrega que contiene la reflexión clave: aceptar con amabilidad todo lo que llega.

También puedes utilizar este mandala como un anclaje visual para que te acompañe en tu práctica diaria, en especial cuando surjan situaciones relacionadas con la causa raíz que estás trabajando. Al iniciar el día o en momentos de tensión, contémplalo durante unos minutos en silencio. Permite que tu mirada descanse en sus formas y mensajes. Deja que su presencia te devuelva al centro, a lo esencial, al ahora. Esta práctica sencilla tiene el poder de recalibrar tu manera de mirar lo que ocurre, te ayuda a suavizar el impulso de control, el aferramiento o la evitación y reorienta tu atención hacia lo que en realidad importa. El mandala actúa como un espejo silencioso de tus intenciones más profundas, un recordatorio visual que despierta en ti la sabiduría y la calma que ya habitan en tu interior. No se trata solo de observar con los ojos, sino de mirar con presencia. Déjate tocar por su mensaje. Permite que esa imagen despierte en ti un nuevo modo de estar.

Deja que los antídotos te transformen

La felicidad genuina no es un estado fijo ni una meta lejana, sino un equilibrio que se cultiva instante a instante. Para sostenerlo, hay un ingrediente esencial, a menudo olvidado: la aceptación. En la práctica meditativa, aprendemos a entrenar esta aceptación sin resistencias ni juicios, como una forma de conectar con el presente tal y como es. Aceptar no es rendirse ni resignarse. La resignación te deja atrapado en el sufrimiento, mientras que la aceptación te abre la puerta a una transformación real. Es el primer paso hacia un cambio profundo nacido no del rechazo, sino de la comprensión. Aceptar es soltar lo que ya no sirve para dar espacio a lo nuevo. Es confiar en que puedes avanzar, incluso cuando las condiciones no son perfectas. Es reconocer lo que hay y, desde ahí, elegir con más claridad cómo responder. Es distinguir lo que está en tus manos de lo que no, para enfocar tu energía en aquello que sí puedes cambiar. Este entrenamiento interior, sostenido por la meditación y la presencia consciente, te ayuda a desarrollar una mirada ecuánime, una mente clara y una sabiduría silenciosa que sabe discernir.

Cuando el miedo o el sufrimiento nublen tu camino, recuerda volver a ese lugar seguro dentro de ti, ese espacio interno donde habitan la calma, el cuidado, la libertad y el coraje que necesitas para sostenerte. Es un refugio que no se busca fuera, sino que se cultiva poco a poco en la quietud de la propia mente. Al nutrir este lugar interior aprenderás a soltar el control rígido, a confiar más en la vida… y en ti. A moverte no ya desde la exigencia o la perfección, sino desde una confianza profunda en tu capacidad de adaptarte, de elegir, de crear. Ya no responderás desde el miedo, sino desde tu centro. Desde esa parte de ti que sabe cómo cuidar, cómo discernir, cómo sostener lo importante. Y, a partir de ahí, comenzarás a elegir lo que nutre tu salud, tu serenidad y tu bienestar más auténtico. Sembrarás una felicidad genuina que no dependerá del entorno, sino enraizada en tu presencia, sabiduría y libertad interior. Este proceso no solo alivia el sufrimiento, lo transforma. Te enseña a soltar lo que pesa, a deshacerte de lo que ya no te define, a caminar más ligero, con sentido, con verdad.

TRANSFORMA TU MIRADA INTERIOR

DISUELVE EL SUFRIMIENTO Y ÁBRETE A LA PLENITUD

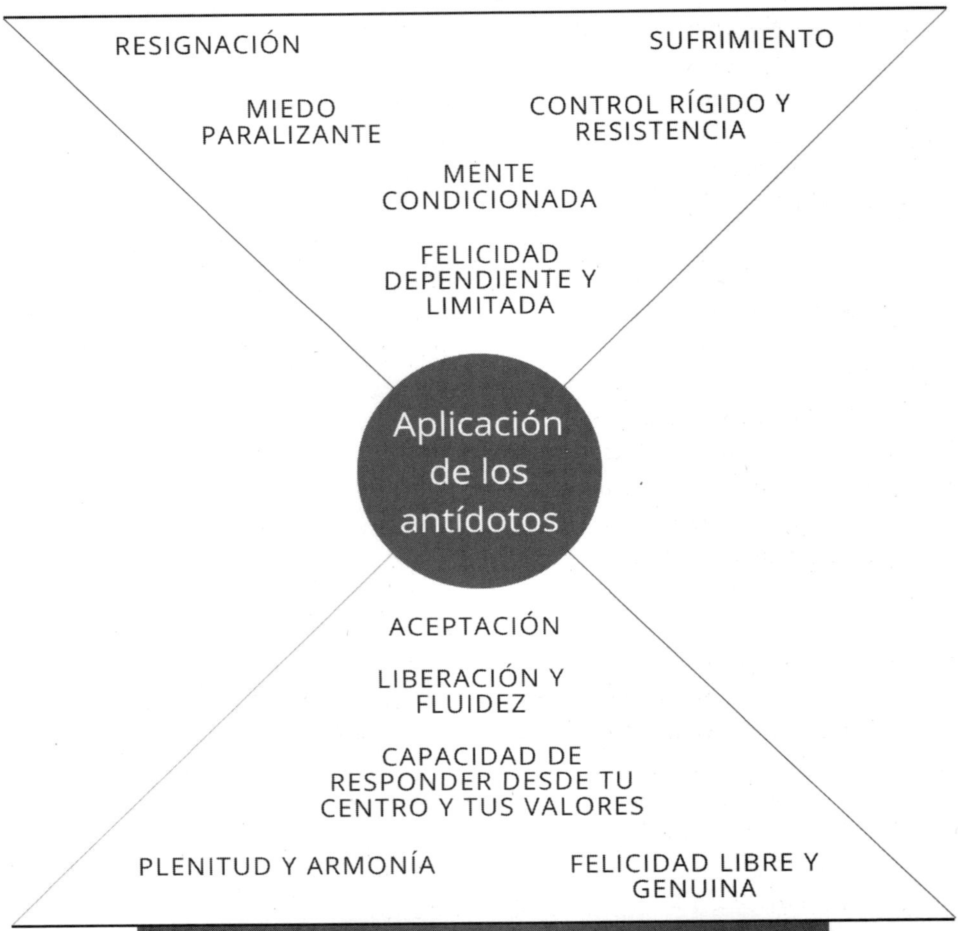

Y, CUANDO SE DISIPE EL SUFRIMIENTO, MIRARÉ HACIA DENTRO Y DESCUBRIRÉ QUE, EN EL VACÍO QUE DEJA, SOLO EXISTO YO Y MI FORTALEZA

Meditación: la presencia que libera y rompe con lo que te limita

Busca un lugar tranquilo donde puedas estar cómodo. Siéntate con la espalda recta y relajada o recuéstate. Cierra los ojos con suavidad y lleva la atención a tu respiración.

Inhala profundamente por la nariz y exhala despacio...

Siente cómo el aire entra y sale, cómo tu cuerpo se relaja con cada exhalación.

Hazlo tres veces más, permítete soltar tensiones.

Permanece por unos instantes atento a tu respiración, sin modificarla. Tal y como es, es perfecta.

No hay nada más que hacer, nada que cambiar, solo estar aquí.

En la calma del momento presente.

Contempla con suavidad: «¿Qué pasaría si hoy eligiera soltar lo que me pesa?».

Visualiza cómo, al exhalar, dejas caer el peso de tu mochila. Suelta lo que te pesa, lo que ya no te sirve, lo que te limita.

Observa cómo sigues avanzando en tu camino y ese peso se va desvaneciendo en la distancia.

Siente el alivio que deja en cuerpo y mente.

Suelta sin miedo. Ya sabes que estás lleno de riquezas.

Deja espacio para lo nuevo. Confía.

Inhala y, al exhalar, suelta, deja caer lo que te pesa.

Siente el alivio en cuerpo y mente.

Suelta sin miedo. Ya sabes que estás lleno de riquezas.

Deja espacio para lo nuevo. Confía.

Ahora te invito a contemplar cómo sería tu día si eligieras enfocarte en las riquezas que ya habitan en tu vida. ¿Cómo cambiaría tu mirada si decidieras enfocarte en todo lo que eres y en todo lo que tienes, en lugar de en lo que aún crees que te falta?

Deja que esta pregunta repose dentro de ti, sin necesidad de responderla de inmediato. Permite que germine como una semilla de consciencia que, al ser escuchada, comienza a brotar con claridad y calidez. Ofrécete unos minutos para conectar con esta verdad. Tus logros interiores, tus fortalezas, tu crecimiento... ya viven en ti. Solo necesitas recordarlos.

Pregúntate con honestidad, sin prisa: «¿Qué puedo agradecer hoy, justo ahora? ¿Qué cualidad en mí, qué vínculo, qué gesto simple o momento cotidiano merecen ser apreciados?». A veces basta una sola palabra sentida para volver al corazón y reconocer que ya estás en casa. Existen más riquezas en tu vida de las que imaginas.

¿Cómo te sientes al recordarlo?

Confía en ti. No necesitas aferrarte a lo que tienes ni temer perder lo que eres. Tus recursos más profundos siempre están en ti.

Permite que una sensación de aprecio te llene poco a poco. Siente cómo se expande la gratitud en tu interior, una luz suave y cálida que lo envuelve todo con presencia, con sentido, con plenitud.

Inhala profundamente por la nariz...

Exhala despacio.

Siente cómo el aire entra y sale, cómo tu cuerpo se relaja con cada exhalación.

A continuación, contempla todo lo que eres, con tus luces y sombras, con tus aciertos y errores. Existen riquezas, fortalezas y también dificultades.

Pregúntate con amor: «¿Qué pasaría si aceptara este momento tal y como es, con amabilidad? ¿Qué pasaría si me quisiera y me aceptara en este momento tal y como soy, con amabilidad?».

Imagina que te abrazas con ternura y recuérdate que no necesitas ser perfecto para merecer paz. Conecta con tus riquezas, tus apoyos, tus fortalezas.

Estás bien tal y como eres.

Ofrécete el aliento que un buen amigo te daría.

Confía.

Repite desde la intimidad de tu mente: «Me permito aceptar la vida como es», «Me permito aceptarme con amor y amabilidad».

Siente cómo se asientan en ti esas palabras, cómo te envuelven en una sensación de calma y ligereza. Permite que esta sensaciones permeen en ti y siembren seguridad y confianza.

No hay nada más que hacer. Solo sentir tu lugar seguro.

Poco a poco, vuelve a tomar conciencia de tu cuerpo.

Mueve con suavidad los dedos los pies.

Inhala profundamente...

Exhala con gratitud...

Inhala profundamente...

Exhala con gratitud...

Cuando estés listo, abre los ojos con la certeza de que siempre podrás regresar a este espacio interior en el que la apreciación, la gratitud, el soltar y la aceptación te sostienen con amor.

Que tengas un feliz camino.

3

Alquimia interior

> Cuando ya no podemos cambiar una situación, tenemos el desafío de cambiarnos a nosotros mismos.
>
> VIKTOR FRANKL

Hoy quiero hablarte de algo esencial para tu yo futuro: tu mente puede ser un jardín fértil o una jaula invisible. Puede convertirse en tu mayor aliada o en tu mayor obstáculo. Todo depende de cómo la entrenes. Porque, aunque no siempre puedas cambiar lo que te ocurre, sí puedes transformar el lugar interno desde el que lo miras. Hoy puedes entrenar tu mente para que sea un refugio seguro, un espacio que te sostenga y te impulse hacia una vida más plena, donde florezcan la calma, la claridad y la libertad. O puedes dejar que crezcan en ella las enredaderas del miedo, las creencias que te aprisionan y los patrones que condicionan cada paso que das. Porque, cuando no guiamos nuestros pensamientos con consciencia, cuando no escuchamos con calma nuestras emociones y no dejamos espacio para elegir la respuesta y la conducta adecuada, podemos caer en una inercia llena de ideas repetitivas, juicios internos o proyecciones que no hacen más que alejarnos del presente. Entramos, muchas veces, en bucles mentales que nos desconectan de lo que está ocurriendo y nos sumergen en narrativas internas que alimentan el miedo, la exigencia o la confusión emocional. Este tipo de desconexión te acerca más al sufrimiento que al bienestar. Vives en un automatismo que te aleja de tu esencia, de tus valores, de la plenitud de cada instante y de tu capacidad de vivirlos como tales.

En este entrenamiento de transformación interior te invito a desarrollar la capacidad de volver a ti una y otra vez. Volver a tu respiración, a tu cuerpo, a los sentidos. Volver a ese espacio interno que observa sin juicio, que te sostiene con amabilidad y claridad incluso en medio del caos. Una conexión directa con la experiencia donde puedes recuperar la calma, la claridad y el equilibrio que necesitas para tomar decisiones sabias y alineadas con lo que de verdad eres. Se trata de restaurarte incluso en medio de la tormenta, porque, aunque no podamos elegir el clima, sí el refugio desde el que atravesarla. Ojalá tu mundo interno pueda armonizarse en una dirección virtuosa, clara y serena. Ojalá este proceso de alquimia en el que te acompaño pueda abrigar el impulso bondadoso de tu corazón y tu sabiduría más íntima y verdadera. Una sabiduría que no nace del control, sino de la aceptación. De confiar en la vida sin exigir garantías. De entregarte al camino sin rigidez, sabiendo que puedes transformarte a cada instante. De soltar y dejar ir lo que no puedes cambiar y de actuar con virtud y determinación en lo que sí. Y es que en medio del caos, cuando todo parece incierto, también puede florecer una forma distinta de estar contigo y en el mundo. Te invito a cultivar una mente suave para aceptarte y firme para transformarte. Lo bastante flexible como para adaptarse a la incertidumbre sin quebrarse en ella y lo suficientemente lúcida como para discernir lo esencial de lo accesorio. Así como las raíces profundas permiten que un árbol se mantenga firme en la tormenta, tu mente entrenada puede sostenerte sin rigidez, con presencia y dirección. Ahí, justo en ese umbral entre lo que conoces y lo que no puedes prever, comienza la verdadera alquimia interior. Cuando eliges habitar el momento tal como es, aunque incomode. Cuando dejas de reaccionar desde el miedo y comienzas a responder desde tu centro. Cuando te comprometes con amabilidad con lo que puedes transformar y sueltas, con ternura y ecuanimidad, aquello que no necesitas cargar más. En ese gesto de rendirte con confianza, no con derrota, comienza otra forma de habitar tu presente. Ante la incertidumbre, ya no huyes ni te desconectas con mecanismos de evasión o control, sino que te anclas profundamente en una confianza serena y sabia. Es una raíz interna que no impone, sostiene. No controla, guía. Una brújula silenciosa que te invita a caminar desde la autenticidad, la presencia y el discernimiento.

Esta alquimia no es magia, es práctica, intención y paciencia amorosa contigo. Es el arte de transformar la dificultad en aprendizaje, la confusión en sabiduría, la herida en enseñanza y la incomodidad en un camino de mayor comprensión e impulso para que se dé el cambio interior. No se trata de perfección, sino de libertad interior, una que se cultiva a cada paso consciente, en cada vuelta amable a ti. Este es el viaje que transforma. Un regreso constante al presente, a tu centro, a tu verdad. Un proceso vivo de reconexión con tu capacidad innata de sentir, elegir y armonizar. Porque es justo ahora, en este instante presente, cuando puedes disolver la confusión y abrirte a una claridad serena desde la que decidir con consciencia. Cuando puede surgir una confianza profunda que ya habita en ti o activarse, una vez más, el guion condicionado del miedo. Y justo en ese cruce —entre la repetición del miedo y la elección consciente— se abre la posibilidad de una nueva forma de habitarte. Más presente, más verdadera. Una invitación a regresar a ti, a ese espacio interno donde no necesitas defenderte ni exigirte para sentirte en casa. Y te permite habitar tu mente como un refugio seguro, como un lugar tranquilo y lúcido desde el que mirar el mundo con más equilibrio y autenticidad. Esta consciencia restaura el contacto verdadero, impide que el piloto automático te aleje del milagro de vivir con plenitud. Porque dentro de ti ya habita todo lo que necesitas para caminar con más presencia, más amor y más libertad. Tienes el poder de transformar cada emoción, pensamiento e instante en una nueva oportunidad para ser. Aquí y ahora.

Del estrés y la ansiedad a la presencia serena

El estrés no siempre nace de lo que ocurre, sino de cómo tu mente interpreta lo que sucede. La intensidad con la que lo vives tiene mucho que ver con lo exigente que eres contigo, con el nivel de expectativas que marcas y con la bondad o la crítica con que te tratas frente a los fallos o fracasos. El estrés suele aparecer cuando una tarea o situación se percibe como demandante y activa el cuerpo para afrontarla. Si además la mente habita en escenarios futuros —anticipa amenazas o imagina todo lo que podría salir mal—, lo que emerge es la ansiedad, una forma de alerta anticipatoria que roba presencia y desgasta. Pero, cuando regresas a la calma del momento presente con una respiración consciente, sin juicio y con aceptación, algo profundo se equilibra. Tu sistema se calma, se regula y tu esencia, por fin, respira. Sin embargo, muchas veces vivimos desconectados de esa raíz, sin detenernos, sin darnos espacio para reconocer los recursos que nos sostienen. Vivimos en una época de ruido mental constante, hiperexigencia, velocidad y agendas desbordadas. La incertidumbre —parte inevitable de la vida— hoy se vive como una amenaza permanente que debemos corregir o controlar. Deseamos tenerlo todo bajo control, exigimos respuestas inmediatas, queremos cada vez más información y vivimos como si cada decisión, cada día o cada cambio pudieran desencadenar un desastre. Como si todo fuera urgente, como si todo necesitara de nuestra intervención eficaz e inmediata. Hemos perdido la conexión con la sabiduría de los ritmos vitales, de la escucha profunda del cuerpo, de la pausa necesaria, del silencio y del vacío fértil del que brotan la claridad, el equilibrio y la creatividad. En medio de esta vorágine de hiperconexión, sobrecarga de estímulos y velocidad, hemos creado un ritmo frenético que se resiste a dejar el espacio y el tiempo que el bienestar genuino requiere. La mente navega en piloto automático la mayoría del tiempo y, en ese estado de desequilibrio y sobreactivación, proliferan los pensamientos repetitivos, las preocupaciones sin fin y los escenarios catastróficos que anticipan todo lo que podría salir mal.

Desde una mirada neuropsicológica, tiene una lógica profunda: el cerebro humano, diseñado para protegernos, percibe lo incierto como una amenaza potencial. En su intento por evitar el daño, activa estrategias de defensa, control, sobreanálisis y anticipación constante. En nuestra evolución, hemos necesitado anticipar y protegernos de movimientos inesperados que podían advertir de la existencia de un depredador: un ruido extraño, por ejemplo, podía indicar que un enemigo o una fiera estaba al acecho. En esos casos, era mejor activar el sistema de amenaza, miedo y huida para mantener la supervivencia dentro de la cueva. Este sesgo negativo en la interpretación está creado para sobrevivir, pero, si se mantiene activo de forma crónica ante cualquier estímulo incierto, termina agotando y generando sufrimiento.

Hoy los depredadores no son leones que acechan en la sabana, sino reuniones pendientes, un mensaje sin contestar, una mirada ambigua, una crítica, una exigencia interna no cumplida. Vivimos en un estado de vigilancia constante ante lo que podría decirse, pensarse o pasar. El miedo ya no solo responde a peligros físicos puntuales que amenazan la supervivencia, sino también a miles de amenazas emocionales, sociales y psicológicas: el miedo al juicio, al rechazo, al fracaso, a no ser suficiente. En consecuencia, se instalan en la mente un estrés y un sesgo negativo crónico que, lejos de facilitar la supervivencia y la adaptación, nos encapsulan en escenarios temerosos cotidianos, en un pensamiento anticipatorio lleno de miedo y ansiedad, circunstancias imaginarias que ocupan tanto espacio como los hechos reales. Nos narramos la vida desde una voz que sospecha, que se compara, que exige y que anticipa todo lo que podría salir mal. Y es importante recordar que el cerebro no distingue imaginación de realidad, por lo que cada pensamiento negativo, cada escenario temeroso en la mente, activa un sistema físico de respuesta ante la alerta. Una amenaza diaria que, como nunca termina, acaba por generar tal desgaste, tensión y aceleración que el cuerpo, la mente y la vida se resienten.

Esta sobreactivación crónica, unida a una narrativa interna teñida de miedo o negatividad, distorsiona la manera de percibir el mundo. Cuando tu atención se fija en lo que amenaza o puede salir mal, se estrecha tu campo de visión y dejas de ver lo que sí funciona, lo que está bien, lo que tiene sentido. Cuesta detenerse, apreciar los pequeños detalles, hacer pausas restaurativas o conectar con la belleza sutil de lo cotidiano. En lugar de habitar la armonía, tu mente permanece atrapada en la crítica, la sospecha, la frustración y la irritabilidad. Se convierte en una mente rígida, repleta de exigencia y desconectada de tu presencia serena. Desde ahí, se pierde el acceso a la gratitud, la calma y la sabiduría del presente. Y, sin una regulación emocional que sostenga o un espacio interior para discernir, comienzas a vivir desde un estado de emergencia. Todo te parece urgente. Todo pesa. Y, cuanto más se activa este patrón, más lejos estás de lo esencial: el equilibrio, la claridad, el bienestar genuino que surge cuando habitamos la vida con presencia.

Cuando la mente interpreta cualquier reto como una crisis, el cuerpo responde como si el peligro fuera inminente. En ese estado, el estrés deja de ser funcional y se convierte en distrés. El estado de alerta no se desactiva, sino que produce una sobrecarga que agota desde el punto de vista físico, mental y emocional. Lejos de ayudarte a resolverlo, esta activación sostenida te desconecta de tu centro, de tu calma, de tus recursos internos más sabios.

Paradójicamente, solemos creer que hacer más, ir más rápido o tenerlo todo bajo control nos devolverá la tranquilidad, pero no es así. Cuanto más intentamos controlar la incertidumbre, más alimentamos el desequilibrio. Cuantas más certezas exigimos, más se intensifican los síntomas de agotamiento. Hacer más no es lo mismo que vivir mejor. Pensar más no garantiza la claridad. Buscar respuestas sin descanso no trae paz. Esta hiperactividad mental, sostenida por la exigencia y la urgencia, crea el terreno perfecto para los bucles obsesivos, para las anticipaciones sin fin, para la sensación de que siempre falta algo o de que nunca llegamos a lo que buscamos. Y ahí el bienestar se vuelve inalcanzable, no por lo que ocurre fuera, sino porque se ha perdido el anclaje esencial: el contacto pleno, la presencia. Sobrepensar —ese hábito tan común como agotador— es uno de los síntomas más claros de una mente estresada. La mente lo confunde con resolver, pero en realidad es un mecanismo de supervivencia desajustado. En vez de aportar claridad, nos sumerge en una niebla densa de análisis excesivo, anticipación y autocrítica. Lo que empezó como la intención de encontrar soluciones termina alimentando el problema. Confundimos preparación con rumiación y, cuanto más pensamos, más reforzamos la ilusión de que pensar nos dará el control. Sin darnos cuenta, dejamos de vivir aquí y ahora, y habitamos futuros imaginarios que aún no existen o pasados que ya no podemos cambiar. La mente se llena de «¿Y si…?», revive errores, anticipa rechazos, imagina fracasos. El deseo de resolver se transforma en un ciclo ansioso que desgasta y desconecta en el que los pensamientos se tiñen de duda, de crítica, de miedo. Aparece una narrativa interna marcada por la insuficiencia o amenaza: «No soy capaz», «¿Y si todo sale mal?», «Volveré a fracasar». Y el cuerpo lo vive: tensión muscular, respiración agitada, fatiga, insomnio. Todo el sistema se orienta a la supervivencia, aunque no haya un peligro real. Nos alejamos del presente, de la sabiduría tranquila que habita en nosotros cuando estamos centrados.

Y es justo ahí donde los pensamientos catastróficos ganan terreno. No son realidades, sino distorsiones cognitivas que deforman nuestra percepción a través del filtro del miedo. Pero no se trata de eliminarlos; la mente seguirá narrando, porque esa es su naturaleza.

El verdadero entrenamiento no consiste en callarla, sino en aprender a no identificarnos con todo lo que nos dice. No necesitamos combatirla, ni forzarnos a pensar en positivo. Lo que necesitamos es presencia. Discernimiento. Regulación emocional. Construir un espacio interno capaz de observar con claridad lo que aparece, sin enredarse, sin creérnoslo todo. Un lugar desde el que podamos responder en lugar de reaccionar, sostenernos sin perdernos, actuar sin ansiedad.

Este entrenamiento que te propongo no es una solución rápida ni una técnica pasajera. Es un camino de regreso a ti, a ese espacio interno donde puedes recuperar la perspectiva, reconocer con claridad qué depende de ti y soltar con amabilidad lo que no. Es volver al lugar desde el que puedes actuar con serenidad, cultivar tus recursos, aceptar los límites y reconocer la sabiduría de la rendición consciente. Una mente entrenada no es la que elimina el miedo, sino la que aprende a no obedecerlo a ciegas. La que aprende a no dejar que dicte su historia y, en su lugar, vuelve al cuerpo, a la respiración, a lo que está ocurriendo ahora. Porque solo ahí es posible resolver y vivir con plenitud. Necesitas anclarte en el presente para salir del automatismo y elegir desde tu centro. Tu mente no puede seguir siendo un campo de batalla en el que cada pensamiento desencadene una lucha. Necesita convertirse en un refugio lúcido, un espacio seguro desde el cual discernir con calma qué es real y qué es solo un eco del miedo. Qué merece atención y qué es mejor dejar pasar. Solo desde ese espacio de presencia consciente podrás volver a elegir. Con más calma. Con más sabiduría. Con más profundidad. Recuperar la serenidad no es huir del caos, sino aprender a permanecer en él sin perder el eje. Es recordar que no todo lo que piensas es cierto, que no necesitas resolver la vida desde las prisas y que dentro de ti existe un espacio que no se fragmenta, un núcleo sereno desde el que puedes observar sin reactividad, elegir con sabiduría y discernimiento, y actuar con coherencia. Esa es la verdadera transformación: pasar del automatismo a la consciencia. Del miedo anticipatorio a la presencia amorosa. De una mente que reacciona sin tregua a una que habita, que sostiene, que acompaña con compasión. Y, aunque parezca lejano, quiero que sepas que está al alcance de una sola pausa, de un instante de conexión verdadera. Porque la mayoría de las veces lo que temes no sucede. Pero, aunque lleguen las dificultades, podrás superarlas con dignidad si estás contigo, presente, completo. No necesitas hacerlo perfecto. Solo estar ahí para ti, con la mayor honestidad, sensatez y cuidado posibles. Con los recursos de los que dispones hoy. Lo verdaderamente limitante no es la incertidumbre ni los pensamientos. Es creer a ciegas en la historia que el miedo te cuenta y quedarte en ella. Porque, en esta fusión cognitiva con tus pensamientos, el cuerpo se cierra, la mente se acelera y pierdes la brújula interna. Pero no estás condenado a ese relato. Puedes cambiar de narrador. Puedes escribir una nueva historia más consciente, más sabia, más amorosa. Aunque no controles cuáles son los pensamientos que aparecen, puedes elegir con cuáles cooperas. Puedes decidir desde dónde vivir: desde el miedo, la exigencia y la activación constante o desde la regulación de una mente ecuánime que observa con calma, acompaña con ternura y confía. Esa elección pequeña, cotidiana y sostenida es el inicio de una transformación profunda.

Antídoto: rituales somáticos para volver al cuerpo y reposar en la presencia

El antídoto es la práctica consciente de regresar al presente, salir de los bucles de la mente discursiva y permitir que mente y cuerpo se reencuentren en una presencia plena. Es un regreso suave y compasivo al instante, al espacio profundo dentro de ti que no necesita explicarlo todo, solo estar. Estar contigo, sin exigencia. Estar presente sin tener que resolver nada.

Cuando sientas que el miedo toma el control o que los pensamientos te arrastran a escenarios oscuros, no intentes encontrar soluciones inmediatas. En lugar de control, busca contacto. Vuelve al cuerpo. Coloca una mano sobre el pecho, siente tu respiración, nómbrate con ternura. Respira lenta y profundamente, sin prisa. Invoca la presencia sin exigencia, como quien acompaña a un ser querido en un momento de temor. Esa es la medicina: una respiración consciente, una pausa sostenida por la amabilidad. Una tregua en medio del ruido.

Te invito a entrenar tu mente para que también repose en la serenidad del silencio y contemple como quien se sienta al borde del camino y observa sin juicio. Porque cada vez que eliges no reaccionar y te quedas en esa pausa en la que te encuentras contigo desactivas el ciclo automático del miedo, del sobreanálisis, de la exigencia sin fin. Trazas nuevas rutas neuronales que cultivan claridad, calma y resiliencia. Pausas el piloto automático y te anclas al presente, donde en realidad sucede la vida.

Volver al cuerpo es una de las prácticas más poderosas que existen. La mente narrativa salta del pasado al futuro, pero el cuerpo siempre habita el presente. Regresar al cuerpo es volver a casa. A sentir. A confiar en la sabiduría silenciosa que contiene cada respiración, cada latido, cada pausa. Donde haya ruido mental, invítate al silencio de la presencia encarnada. No necesitas resolver nada enseguida. No siempre tienes que comprenderlo todo. A veces lo más sanador es recordar que estás vivo, a salvo, que puedes sostenerte en lo simple y acompañarte incluso en lo incierto.

Te propongo siete prácticas restaurativas para desactivar el bucle mental, el estrés y la ansiedad:

1. **Haz una pausa consciente.** Detén lo que estás haciendo. Cambia de postura. Estírate. Levántate. Haz un gesto que le indique a tu sistema nervioso que comienza algo nuevo. El cuerpo necesita saber que estás eligiendo presencia.
2. **Regresa al cuerpo.** Si puedes, quítate los zapatos. Siente el suelo bajo los pies. Percibe la gravedad que te sostiene. Lleva una mano al corazón o al vientre. Respira, pero no para controlar nada, solo para estar.
3. **Realiza un escaneo corporal suave.** Lleva tu atención por las diferentes partes del cuerpo. ¿Dónde notas tensión? ¿Hay alguna zona que sientas más viva o vulnerable? No trates de cambiar nada. Solo reconoce. Observar es un acto de liberación.
4. **Activa el ancla sensorial.** Abre los sentidos al momento presente. ¿Qué sonidos hay ahora? ¿Qué temperatura sientes en la piel? ¿Qué parte del cuerpo respira con mayor facilidad?

5. **Respira con presencia:**
   - Inhala por la nariz contando hasta cuatro.
   - Retén con suavidad el aire por dos segundos.
   - Exhala por la boca contando hasta seis, como si estuvieras suspirando.
   - Repite este ciclo tres veces, sin prisa, con amabilidad.
   - Mientras respiras, repite en silencio: «Estoy aquí. Estoy conmigo. Estoy a salvo».
6. **Repite los mantras de autoapoyo.** Repite mentalmente frases que te acompañen y no te exijan:
   - «No tengo que resolverlo todo ahora».
   - «Suelto el control, habito este instante».
   - «Puedo quedarme conmigo sin juicio».
   - «Mi cuerpo me sostiene. Yo me acompaño».
7. **Elige una nueva narrativa.** No necesitas callar la mente, pero puedes ofrecerle una historia diferente, una más amable, más sabia, una que no niegue la dificultad, sino que te recuerde tu capacidad de atravesarla.

En este espacio de presencia comienzas a entrenar una mente experiencial, una que no solo piensa, sino que siente, respira, percibe. Una que no vive atrapada en los relatos del miedo, sino que se entrega al momento con apertura, con discernimiento. Recuerda: la claridad no nace del pensamiento agitado, sino del silencio entre pensamientos. Ese silencio no siempre llega solo; a veces hay que invocarlo con una pausa, con una respiración, con un gesto de ternura hacia ti. Ahí, en ese gesto simple pero profundo, comienza la transformación. Ahí nace una nueva forma de estar en el mundo más serena, más lúcida, más compasiva.

PUENTE DE TRANSFORMACIÓN

MAPA VISUAL HACIA LA SERENIDAD DE UNA MENTE CONSCIENTE

CUANDO DEJO DE HABITAR EL RUIDO DE LA MENTE, DESCUBRO EL SILENCIO QUE SOSTIENE MI CLARIDAD

Puente de transformación: mapa visual para transformar el ruido mental en una mente consciente y serena

Cuando eliges detenerte en una pausa consciente para reconectar contigo, abres un espacio nuevo, un punto de inflexión. Ese instante, en apariencia sencillo pero muy poderoso, es el inicio del puente de la transformación, el umbral que separa la mente reactiva de la consciencia lúcida, el ruido mental del equilibrio interior. No puedes evitar que aparezcan los pensamientos, pero sí decidir que no vas a construir tu realidad dentro de ellos. Justo en esa pausa —cuando eliges observar sin identificarte, respirar en vez de reaccionar— nace la posibilidad de algo distinto, comienza el cruce desde la narrativa del miedo hacia una respuesta más consciente y una presencia más libre.

Este puente es tu práctica. Tu pausa. Es una invitación a recorrer un camino interno, una travesía de transformación que nos lleva desde los patrones mentales que alimentan el estrés y el sufrimiento hacia un estado más consciente, sereno y conectado con lo esencial. La figura representa un puente: el trayecto simbólico que cruzamos cada vez que decidimos salir del automatismo mental y regresar con presencia al momento presente. Los pensamientos son el constante fluir del río.

Lado superior izquierdo del puente: el origen del desequilibrio

En este lado del puente habitan las aguas turbulentas de la mente narrativa desregulada, acelerada y reactiva, unas aguas intensas y rápidas que te arrastran y te inundan en bucles de pensamiento y confusión, prisas e intentos de control. Cuanto más tiempo permanezcas ahí, más agotador te resultará vivir en ellos. Este lado del río es fértil para el sobrepensar, la ansiedad y la desconexión del ahora. Se activan entonces estados de alerta innecesaria, creencias rígidas y emociones intensas que, sin regulación, se vuelven abrumadoras.

En esta zona se manifiestan:

- Las narrativas catastróficas, que imaginan siempre lo peor.
- Los discursos limitantes, que cuestionan tu valor y capacidad.
- La crítica interna constante, que juzga sin compasión.
- La comparación y la sensación de insuficiencia, que hieren tu autoestima.
- La necesidad compulsiva de anticiparlo o entenderlo todo, que genera tensión.
- La autoexigencia desmedida y un cansancio emocional profundo, que te drenan.

Aunque estas voces suelen tener la intención de protegerte del dolor, de los errores o del rechazo, en realidad te mantienen atrapado en un estado de vigilancia continua, uno en el que cuesta descansar, confiar, soltar y simplemente ser.

Este lado del puente representa el origen del desequilibrio, la zona desde la que muchas veces reaccionas en automático. Pero también es el punto de partida de tu transformación. Y reconocerlo es el primer acto de consciencia que permite el cambio.

Centro del puente: la pausa que transforma

Este es el corazón del cambio. Aquí ocurre algo profundo y esencial: eliges detenerte, respirar, tomarte una pausa. Esta zona simboliza el espacio de transformación consciente, el instante en que decides responder en vez de reaccionar. Es el momento en que te conviertes en observador y decides mirarte desde otro lugar, no desde la exigencia ni el juicio, sino desde la mirada sabia y compasiva del testigo que habita en ti. Es el instante sutil —y poderoso— en que dejas de ser arrastrado por tus pensamientos y emociones, y tomas el timón desde tu centro.

Este espacio representa la práctica de detenerse con consciencia, de interrumpir el ciclo de la reactividad para crear un punto de inflexión. Aquí nace el verdadero cambio. En esta zona:

- Reconoces tus pensamientos como eventos mentales, no como verdades absolutas.
- Nombras lo que sientes sin rechazarlo.
- Sueltas la identificación con el miedo.
- Te abres a una nueva narrativa basada en el discernimiento y la compasión.
- Entras en contacto con tu cuerpo y regulas tus emociones.
- Te das permiso para soltar el control sobre lo que no puedes cambiar.
- Te abres a la incertidumbre sin exigencias, cultivando la flexibilidad.

Este punto no es solo un descanso, sino una elección activa de presencia. Aquí entrenas tu mente para que responda desde la claridad, en lugar de reaccionar desde el miedo. En esta pausa:

- La emoción se regula.
- La mente se aclara.
- El corazón se serena.

Y comienzas a reescribir tu narrativa interior. Este momento de consciencia es el puente entre la mente que sufre y la que transforma, el lugar donde recuperas el poder de elegir cómo vivir lo que ocurre. Aunque nada haya cambiado fuera, algo empieza a transformarse por completo dentro de ti. Aquí cultivas la atención plena, el silencio interior, la ecuanimidad. Ya no necesitas que la vida cambie porque eliges habitarla y construirla desde una nueva consciencia.

Lado inferior derecho del puente: el refugio interior, el destino consciente

Has cruzado. Acabas de llegar a un terreno nuevo que siempre estuvo dentro de ti. Aquí el agua es más clara, más serena, y no porque no haya desafíos, sino porque hay presencia. Hay discernimiento. Este lado representa una mente más entrenada, más presente, más libre. Una que ha aprendido a no creerse todo lo que piensa. Que no necesita correr ni huir. Que no se deja arrastrar por el miedo, sino que elige actuar desde su centro sereno. Desde aquí, accedes a una manera más lúcida de vivir en la que el pensamiento no te domina, sino que se convierte en guía. Es el espacio donde se manifiestan:

- La calma activa, pero no como pasividad, sino como fuerza interior que te permite observar sin reaccionar.
- La sabiduría que te ayuda a cuidar de ti sin juicios ni exigencias y a tomar decisiones funcionales y reflexivas, no desde la urgencia.
- La claridad mental, que te permite ver la realidad tal y como es, sin distorsiones.
- La confianza en tus recursos y la aceptación de que puedes afrontar lo que venga.
- La compasión consciente, que te permite relacionarte con tus errores, límites y miedos desde la ternura, no desde el castigo.
- La presencia estable y compasiva.

Este espacio no es la ausencia de dificultad. Es la presencia de una forma nueva de habitarla. Ya no necesitas que todo esté bien para estar bien. Has aprendido a sostenerte con dignidad incluso en medio del desafío. Y quizá lo más importante: descubres que este espacio no es un lugar al que se llega una sola vez. Puedes regresar siempre. Cuando quieras. Aquí florecen la claridad mental, la serenidad y la confianza interior. Aquí pierde fuerza la ansiedad, porque ya no le das el mando al miedo. Respondes desde tu centro, desde un lugar seguro dentro de ti que se ha vuelto más accesible y arraigado al momento presente.

Practicar no es la meta, sino el camino

Este puente no se cruza una vez y para siempre, no es una meta que alcanzas y dejas atrás. Es un camino que se recorre a diario, en lo cotidiano, en lo simple, en lo humano. Cada pensamiento que aparece, cada emoción que te visita y cada desafío que te confronta son una nueva invitación a decidir desde dónde quieres vivir: ¿desde el ruido mental, el automatismo y la exigencia o desde la presencia, la calma y tu refugio interior?

Elegir habitarte desde la consciencia no es una meta final, sino una práctica continua, silenciosa y transformadora. Es el gesto —en apariencia sencillo pero muy poderoso— de detenerte y observar. Respirar y recordar que tú no eres la tormenta mental, sino el cielo que la contiene. Que no eres solo tus pensamientos o emociones, sino la consciencia que puede acogerlos sin fundirse con ellos. Desde la psicología y la neurociencia, sabemos que la práctica repetida de la atención plena modifica la estructura y el funcionamiento del cerebro, y refuerza las áreas implicadas en la autorregulación emocional, la compasión y la toma de decisiones conscientes. Por tanto, este puente también es biológico: esculpes nuevas rutas neuronales cada vez que eliges responder con presencia en vez de reaccionar desde la reactividad. Ese es el verdadero hogar: tu presencia lúcida, sabia y compasiva. No perfecta, pero profundamente humana. No inmutable, pero cada vez más accesible. Porque, cuanto más practicas, más natural se vuelve habitarte de este modo. Hasta que un día, casi sin darte cuenta, descubres que ese refugio interior ya no es un destino al que aspiras. Se ha convertido en el lugar desde el que vives.

Y eso lo cambia todo.

Meditación: el puente hacia la transformación interior

En esta meditación entrenaremos la capacidad de reconocer los patrones mentales que generan ansiedad y cultivaremos un espacio interno de calma, claridad y presencia. Esta práctica no es solo una herramienta de relajación momentánea, sino un entrenamiento profundo de autorregulación emocional y neurocognitiva. Diversos estudios en psicología y neurociencia han demostrado que la observación consciente —como se entrena en el *mindfulness*— reduce la activación del sistema de estrés y fortalece áreas cerebrales asociadas a la autorregulación, la claridad y la resiliencia.

Al observar tus pensamientos sin identificarte con ellos, entrenas lo que se conoce como «defusión cognitiva», una habilidad clave para reducir el sobrepensar, la ansiedad anticipatoria y el malestar emocional. Este entrenamiento no es evasión, sino un regreso al presente desde un lugar de mayor libertad interior, un espacio donde puedes mirar con más calma, responder con más claridad y vivir con más presencia.

Ahora respira. Presta atención a tu cuerpo, a sus sensaciones, a sus movimientos. Tu mente puede narrarte muchas historias, pero tu cuerpo siempre te lleva de regreso a casa. Prepárate para este encuentro contigo.

Respira hondo, siéntate cómodo y déjate guiar. Tu mente no necesita ser perfecta. Solo estar presente. Dispuesta. Aquí.

Te acompaño.

Cierra los ojos con suavidad. Realiza una respiración profunda y, al exhalar, suelta la tensión que puedas estar cargando.

Permite que, poco a poco, tu cuerpo descanse y tu mente se acalle.

Ahora imagina que estás de pie al inicio de un puente. Detrás de ti sientes el peso del sobrepensar: pensamientos que giran una y otra vez, dudas, voces que exigen, temen y anticipan. Escúchalos sin resistirte. Reconócelos sin juzgarlos.

Son solo pensamientos, no tienes que creerte todo lo que te dicen. Quizá puedas escuchar alguno o solo sientas el peso de su carga. Quizá vengan exigencias, críticas... Obsérvalas sin juzgarlas. Deja que el ruido siga su curso en las aguas del río detrás de ti. Sin intervenir. No necesitas cambiar nada.

Respira.

Siguiendo el ritmo tranquilo de tu respiración, da el primer paso sobre el puente.

A medida que avanzas, sientes que el aire cambia. El ritmo interno se ralentiza. Cada paso es una elección: «Puedo observar sin identificarme», «No necesito resolverlo todo ahora», «Puedo estar aquí, conmigo, en calma». Visualiza cómo, con cada respiración, te desplazas hacia tu centro. Cada inhalación te estabiliza. Cada exhalación suelta una carga innecesaria.

En el centro del puente te detienes un momento. Miras el paisaje que te rodea. Sientes la vida presente, sin prisa, sin exigencia. En este punto sueltas el control y recuperas tu centro. Dejas atrás el ruido y caminas a un nuevo lugar.

Respira profundamente y permite que ese espacio se abra en tu interior.

Sigue caminando por el puente hacia el otro lado. Con cada paso, siente que algo se transforma. Tu mente está más clara. Tu cuerpo, más ligero. Tu corazón, más sereno.

Respira en esta apertura. Respira en esta libertad. En este nuevo paisaje.

Llegas al otro lado. Aquí no hay urgencia. Aquí no hay presión.

Solo un espacio amplio, silencioso, lleno de presencia.

Tu refugio interior. Un lugar al que siempre puedes volver.

Permanece unos instantes aquí. Siente la calma que nace cuando dejas de habitar el ruido y comienzas a vivir desde tu verdad.

Cuando estés listo, realiza una respiración más profunda. Al exhalar, vuelve suavemente al lugar donde estás.

Abre los ojos. Trae contigo esta sensación de claridad y paz.

Al terminar esta meditación, quédate quieto durante unos instantes. Observa cómo te sientes ahora. Quizá más presente, más en contacto contigo. No corras a la siguiente tarea. Permite que esta experiencia se asiente, como quien deja que una gota de agua se funda en la tierra.

Este mapa es una herramienta de regulación. Puedes regresar a él cuando lo necesites, cuando la mente se acelere, el juicio te domine o el miedo o la exigencia nublen tu visión. Este puente existe en ti para recordarte que tú no eres el ruido. Eres quien elige cómo habitarlo. Porque, aunque no puedas controlar lo que ocurre, puedes cuidar el lugar desde el que lo observas. Ese es el verdadero poder. Y desde él, junto a esa presencia más abierta, más en calma, quiero recordarte algo esencial: puedes dejar de correr dentro de tu cabeza y volver a ti. Eres mucho más que tus pensamientos.

Vuelve a ti

Volver a ti no es un esfuerzo, es una forma de cuidado. En este camino de transformación y descanso profundo, la meditación no es solo una técnica. Es una forma silenciosa y poderosa de volver a ti. La respiración consciente y la atención plena se convierten en el puente que conecta con tu cuerpo, tu mente y tu corazón. Es una vía directa para calmar el sistema nervioso, para pasar del modo amenaza al modo presencia. La meditación no es un esfuerzo más en tu lista de tareas. Es una pausa consciente, una manera de dejar de correr dentro de tu mente.

Cuando todo dentro de ti grite «urgencia», no necesitas exigirte estar bien o poder con todo. Lo más importante en esos momentos no es tener más control, sino más contacto. Más humanidad. Más cuidado. En lugar de luchar contra lo que sucede fuera o dentro de ti, te invito a detenerte. A respirar. A escucharte sin apuro ni juicio. No necesitas resolverlo todo con urgencia, sino atenderlo con respeto. Tu mundo interno también habla a través de tu cuerpo. Ofrécele un tiempo y un espacio para escucharlo, para regresar a su estado natural de equilibrio. Porque, créeme, tu mayor fuerza está en este contacto limpio y claro contigo y con el entorno. No es perfección, sino presencia. Te invito a soltar el control y la fusión cognitiva. No te dejes llevar por el río de tu mente. Observa su caudal desde la perspectiva que te ofrece tu lugar seguro. Un lugar interno más lúcido y sereno. Una zona de silencio fértil en la que ya no necesitas defenderte ni reaccionar. Desde ahí puedes preguntarte, con amabilidad: «¿Este pensamiento me ayuda o solo repite un miedo antiguo?», «¿Tengo algo que resolver o solo necesito soltarlo en el flujo natural de pensamientos?».

Volver a ti, a la perspectiva de tu lugar seguro, te permite reconocer lo que ya no necesitas cargar, lo que quieres soltar, y elegir lo que debes resolver. Ocuparse no es preocuparse ni sobreanalizar. Es elaborar, integrar y pasar a la acción. Te invito a descansar en la sencillez de lo que es. Tú no eres ese ruido. Dentro de ti existe un espacio más claro, más simple, más amable. Sanar es empezar a tratarte con la ternura y el cuidado que siempre has necesitado.

Alquimia interior: el círculo de consciencia

Cuando empiezas a regalarte espacios de conexión contigo, pausas que no solo te detienen sino que te permiten habitarte y abrirte al espacio y tiempo presente, algo profundo empieza a transformarse. Las pausas dejan de ser meras interrupciones del ritmo y destilan una nueva cadencia, más serena, más tuya. Se desvela una consciencia que no juzga, sino que comprende. Una presencia que no reprime, sino que transforma. Empiezas a tomar decisiones no desde la urgencia, sino desde el alineamiento con tus valores. Te vuelves más libre de los condicionamientos internos que antes dictaban tus reacciones. No es que dejen de aparecer pensamientos, emociones o heridas antiguas; es que ya no tienen el mismo poder sobre ti. Una parte más presente y consciente toma el timón. Y entonces se despierta la alquimia interior.

La alquimia no es eliminar lo que duele, sino aprender a relacionarte de otro modo con ello. Es dejar de cargar con las voces del pasado como si fueran verdades absolutas. Es transformar la herida en comprensión, el juicio en cuidado, la ansiedad en pausa. Porque, si bien la calma es un primer refugio, el cambio profundo se produce cuando decides vivir desde ese lugar seguro dentro de ti. No para evitar lo difícil, sino para responder a ello con sabiduría, con lucidez, con amabilidad.

La alquimia interior es:

- El arte de escuchar lo que aún resuena sin dejar que lo defina todo.
- El gesto íntimo de sostenerte con cuidado cuando lo aprendido ya no te sirve.
- El acto valiente de soltar la reacción automática y elegir una nueva manera de estar contigo.
- El arte de la transmutación, donde eliges transformar lo que duele y molesta en algo bello y armónico.

Es una invitación a cultivar una vida plena desde tu presencia, tu calma y tu sabiduría interior, un camino para armonizar tu mundo interno y externo sin quedar atrapado en los patrones condicionados del pasado ni en las narrativas mentales que te desconectan del momento presente. Cuando comienzas a observar tu mente con apertura y a entrenar este discernimiento, se desvela en ti un flujo más natural, libre y sereno: el de una mente enraizada en la virtud, el equilibrio y la claridad. Para acompañarte en este proceso te presento una herramienta sencilla pero transformadora al mismo tiempo: el círculo de la consciencia.

Este círculo es una representación del recorrido que haces —a menudo sin darte cuenta— desde los pensamientos automáticos hacia las narrativas del miedo que generan malestar y te limitan. Con él puedes entrenar la percatación de estos esquemas internos y la elección consciente de volver a ti para discernir desde la libertad y la lucidez, no desde el condicionamiento. Cuando te detienes frente a este círculo, haces una pausa no solo para observar tu mente, sino para reorientarla con ternura. Porque no eres tus pensamientos, eres quien los observa. Y desde ese lugar de testigo amable puedes redirigir tu atención hacia aquello que te nutre, que te sostiene, que te transforma. Aunque hayas vivido atrapado en el juicio, la reactividad del automatismo o la narrativa del miedo, puedes enseñarle a tu mente otra forma de estar, más serena, más libre, más real.

La meditación y la atención plena no son solo herramientas de calma, son puertas hacia una forma más profunda y libre de habitar la vida. Son caminos que despiertan tu consciencia para salir de la narrativa constante del ego y regresar a lo experiencial, al contacto con el presente. Con la práctica, aprendes a observar con ecuanimidad y amabilidad para reconocer que un pensamiento solo es un evento mental con el que puedes elegir cómo relacionarte, guiarte hacia una relación más sana y adaptativa. Puedes elegir con qué pensamiento colaborar y ver cuál estás listo para soltar o desestructurar. En este acto sereno e íntimo de elección, algo profundo comienza a transformarse. La asimilación de las experiencias hace que se muestren más armónicas a tu mundo interior. Dejas de reaccionar y empiezas a responder desde la sabiduría. Te desidentificas de las voces rígidas del ego que exigen, castigan o limitan desde las narrativas del miedo y desvelas otra voz interna más virtuosa y compasiva. Una que no te empuja, sino que te acompaña a crecer con amor. Que no busca perfección, sino presencia. Que, incluso en medio del caos, te recuerda que el verdadero bienestar nace dentro de ti. Porque, cuando cambia la forma en que te hablas, también lo hace la manera en que te vives. Y cuando tu mente se transforma todo tu mundo se reordena.

CÍRCULO DE CONSCIENCIA

MAPA VISUAL HACIA TU SABIDURÍA INTERIOR

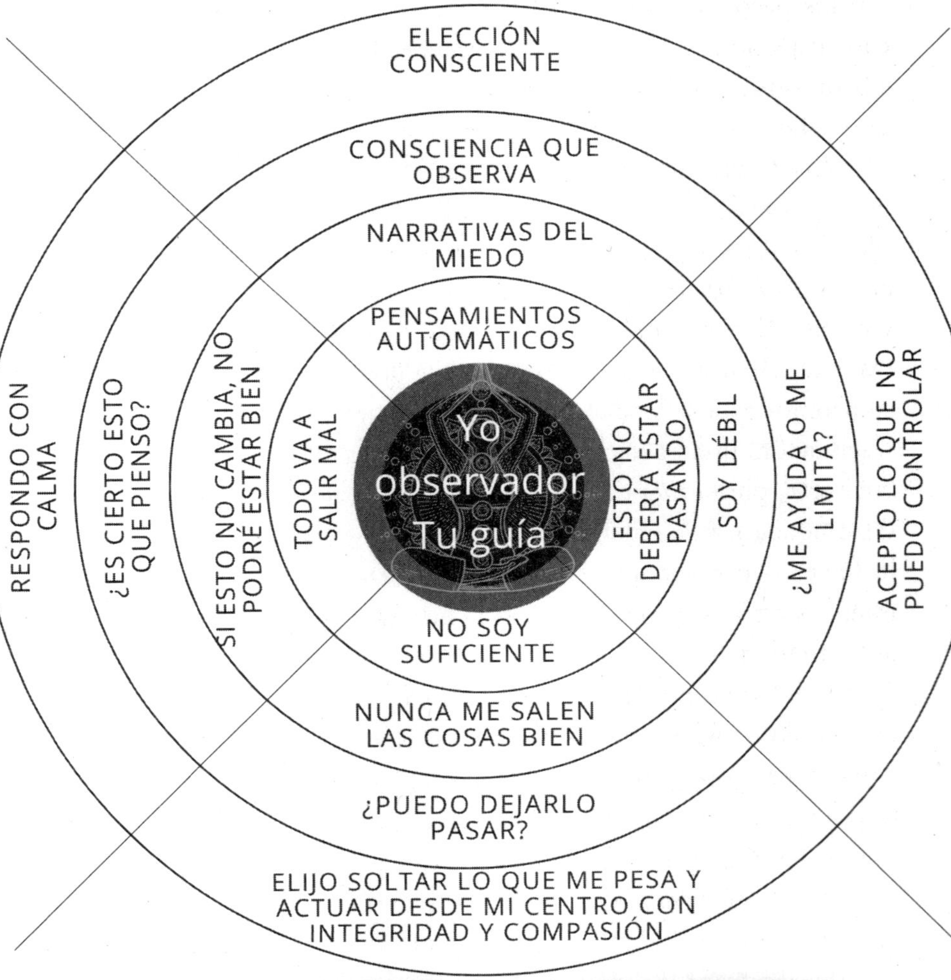

NO SOY LO QUE PIENSO, SOY QUIEN ELIGE CÓMO MIRAR LO QUE PIENSA

Mandala de transformación de guiones: círculo de consciencia

Este mandala es como un mapa interior, un reflejo simbólico del viaje que realizas cada vez que eliges despertar a tu consciencia. No es solo una imagen para contemplar, sino una invitación a sumergirte en ti, a recorrer desde dentro cada uno de sus anillos como si fueran los pasos de tu transformación. Cada forma, cada transición, cada espacio representa un movimiento interno: del automatismo a la presencia, de la confusión a la claridad, del miedo a la sabiduría que te habita.

No estás frente a un simple diseño, sino ante un espejo que refleja tu paisaje mental y emocional. Contemplarlo con atención plena es abrir un diálogo silencioso con tu mundo interior, una escucha profunda que va más allá del pensamiento y se convierte en vivencia. Este mandala no se interpreta, se siente. No se analiza, se transita. Permite que, al observarlo, algo dentro de ti se ablande, se acomode, se expanda. Siente cómo cada anillo puede ser una respiración, una pausa, una forma distinta de regresar a ti para escucharte, para entenderte. Pero no necesitas comprenderlo todo de inmediato. Solo habitarlo, respirarlo, escucharlo. Porque, cuando lo haces con presencia, no solo entiendes el mapa, sino que comienzas a transformarte con él. Desde dentro, con suavidad, con autenticidad.

Déjate guiar por su ritmo y permite que cada fase te ayude a mirar con compasión tus automatismos, con confianza tu sabiduría y con esperanza tu potencial de cambio. Deja que sus anillos despierten en ti nuevas preguntas, nuevas certezas y una forma más amable y consciente de habitar tu experiencia.

A continuación te acompaño en este recorrido simbólico para explorar juntos el significado de cada uno de los anillos de este mandala interior. La propuesta no es solo comprender desde la mente, sino permitirte encarnar el recorrido desde tu experiencia viva, conectando con tu historia, tu cuerpo y tu verdad. Cada anillo es una puerta, una posibilidad de mirar hacia dentro y abrir nuevos espacios de claridad, presencia y transformación. Porque el verdadero cambio no ocurre solo cuando entendemos algo, sino cuando lo sentimos, lo habitamos y dejamos que transforme lo que somos.

Por eso, después de la guía, encontrarás una meditación que te ayudará a profundizar en este entrenamiento desde la vivencia. Un espacio íntimo y seguro donde todo lo que observes puede convertirse en aprendizaje real, en integración, en alquimia interior.

Ten presente que no se trata de hacer bien el recorrido, sino de hacerlo contigo. Con honestidad, con presencia, con amabilidad. Así lo simbólico se vuelve experiencia. Así el mapa se convierte en transformación.

Punto central: «Yo observador. Tu guía»

El punto central del mandala representa tu lugar seguro, ese espacio interno de calma profunda y presencia plena desde el cual puedes observar lo que ocurre en tu mente sin dejarte arrastrar por su contenido. Es el núcleo sereno de tu ser, tu ancla, tu refugio. De ahí nace la posibilidad real de transformación. Imagina que cada anillo del mandala es como una onda que se expande desde ese centro. Cada círculo simboliza una capa de tu experiencia interna: desde los pensamientos automáticos que emergen por inercia hasta la elección consciente y amorosa que surge cuando estás en contacto contigo.

En el corazón del mandala no vive el personaje que reacciona desde el miedo, la exigencia o la confusión. Ahí habita tu esencia, el observador amable, lúcido y compasivo, esa parte de ti que no necesita controlar, que no juzga, que simplemente está… y sostiene. Desde este centro puedes ver con claridad lo que ocurre en la periferia: los discursos del miedo, los patrones aprendidos, las narrativas que alimentan el sufrimiento. Pero ya no te identificas con ellos.

Tienes la posibilidad de elegir qué voz escuchar, qué historia soltar, qué dirección tomar.

Este lugar silencioso, íntimo y real es tu hogar interior. Y es allí —y solo allí— donde comienza toda transformación auténtica. Porque únicamente cuando estás en casa puedes responder al mundo desde tu verdad, tu calma y tu libertad.

Primer anillo: «Pensamientos automáticos»

En esta primera capa habita el ruido de fondo de tu mente, esos pensamientos automáticos que emergen sin pausa, sin que los hayas elegido de forma consciente. Son frases que surgen de manera mecánica, reactiva y muchas veces teñidas de miedo, de heridas pasadas o del intento de controlar lo que no puede controlarse. Aparecen como juicios, exigencias o suposiciones rígidas. Por ejemplo, algunas de ellas son:

- «Esto no debería estar pasando».
- «No soy suficiente».
- «Todo va a salir mal».

Aunque parezcan verdades absolutas, en realidad son creencias limitantes que se han repetido tantas veces que ya operan en piloto automático como parte de un programa interno. Su intención original era protegerte, ayudarte a adaptarte o evitarte el sufrimiento. Pero, cuando estas voces dominan el espacio mental, lo hacen desde la desconfianza y la rigidez, y terminan reduciendo tu capacidad de respuesta libre y consciente. Cierran posibilidades. Apagan tu presencia.

No se trata de rechazar su contenido ni de luchar contra él, sino de aprender a verlo con lucidez. Observarlo sin fusión, sin juicio. Porque solo cuando haces consciente lo inconsciente puedes transformarlo. Y lo que puedes ver eres capaz de no repetirlo. Este es el primer paso hacia la libertad interior.

Segundo anillo: «Narrativas del miedo»

En esta segunda capa, el ego comienza a construir relatos coherentes con tu propia historia. Desde tus heridas emocionales, experiencias inconclusas y mensajes recibidos en la infancia, sostiene interpretaciones teñidas de emocionalidad que condicionan tu narrativa interna hacia un sesgo de miedo e inseguridad, distorsiones cognitivas que te envuelven en una realidad interna rígida o dogmática que deja poco espacio al desarrollo y a la oportunidad de crecimiento. Por ejemplo, ahora ya no es solo «Esto va a salir mal», sino:

- «Soy débil».
- «Nunca me salen las cosas bien».
- «Si esto no cambia, no podré estar bien».

Estas narrativas disparan emociones intensas que, si no se regulan, pueden tomar el control y dar forma a creencias que te hieren en silencio: «No soy suficiente», «Siempre fallo», «Nunca me valoran». Son creencias que tienen sentido en tu historia y se tejen formando un guion basado en heridas pasadas o necesidades emocionales no resueltas. Te atrapan porque resuenan con tus miedos más profundos. Te fusionas con su voz y te alejas, te desconectas de tu centro, de esa parte serena y clara que puede ver más allá del relato. Pero aquí también comienza una gran posibilidad: la de darte cuenta. La de reconocer la distorsión de estas narrativas. No son la realidad, sino interpretaciones subjetivas que puedes atender con perspectiva para sanar el mensaje que esconden bajo su rigidez. Puedes abrazarlas con ternura y compasión para elaborar aquello que necesitas aprender de tu historia y soltar lo que ya no forma parte de tu camino. Puedes atenderte para actualizarlas desde tu presente, desde un aquí y ahora en el que ya existen recursos, consciencia y nuevas posibilidades. Cuando comprendes que tú no eres tus pensamientos, que eres mucho más que esa trama de historias que te habitan, tu mundo interno empieza a suavizarse. Y, con él, el sufrimiento que lo sostenía. Quiero que recuerdes esto: todo lo que ha pasado en tu historia puede mirarse desde un lugar sanador. Puedes reparar, integrar, abrazar tus emociones y continuar tu camino con más verdad, más libertad y más presencia. Mereces abrazar todas tus partes sin que te limiten.

Tercer anillo: «Consciencia que observa»

Este es el punto de inflexión, el umbral donde comienza la verdadera transformación interior. En medio del ruido mental, del torbellino de pensamientos repetitivos y de las narrativas del miedo, emerge una pausa: una grieta luminosa en el automatismo, un instante de presencia desde el que puedes observar sin confundirte con lo que piensas. Aquí emerge una cualidad interna distinta, más fuerte, más enraizada a tu verdadero ser. Es una presencia más clara, más sabia, que susurra preguntas esenciales:

- «Esta historia que repito en mi mente, ¿me ayuda y me libera o me limita y me encierra?».
- «¿Puedo aprender algo de ella? ¿Hay algo que pueda hacer para sanar su mensaje o es una vieja creencia que he de aprender a soltar?».
- «¿Es cierto esto que pienso, o está vinculado a mi herida?».

En esta capa, el pensamiento deja de dominar y se convierte en un objeto de contemplación. Surge la posibilidad de responder desde la consciencia en lugar de reaccionar desde el impulso. Ya no estás atrapado en el guion mental, lo reconoces como lo que es: una construcción momentánea, no una verdad absoluta. El pensamiento no te define. La consciencia que observa no lucha contra la mente, pero tampoco se somete a ella. Mira con apertura y ecuanimidad. Reconoce los patrones, las emociones y los automatismos sin juicio. Desde aquí recuperas el timón de tu experiencia interna. Esta capa abre la puerta al discernimiento. Es el comienzo de una nueva relación contigo, más lúcida, más compasiva, más libre. Es el lugar desde donde empieza a brotar la sabiduría.

Cuarto anillo: «Elección consciente»

Este anillo representa el espacio donde florece tu libertad interior. Es el territorio en el que la consciencia se traduce en acción, en el que lo que has observado, sentido y comprendido se convierte en una respuesta elegida, no en una reacción automática. Cuando sostienes la presencia con amabilidad, cuando te anclas en el ahora sin dejarte arrastrar por el miedo o la urgencia, emerge un nuevo poder: elegir con intención. Ya no reaccionas desde el impulso ni desde los patrones condicionados del ego. Respondes desde tu centro. Aquí nace el discernimiento profundo, ese lugar silencioso desde el que puedes preguntarte:

- «¿Cómo quiero responder a esto?».
- «¿Qué parte de mí quiero fortalecer?».
- «¿Qué pensamiento quiero dejar ir y cuál deseo cultivar?».

Desde este espacio, afirmas con claridad:

- «Elijo conscientemente: me detengo a elaborar y aprender lo que mi historia necesita sanar».
- «Acepto lo que no puedo controlar».

- «Elijo soltar lo que me pesa y actuar desde mi centro con integridad y compasión».
- «Respondo con calma».

Esta elección no es solo un acto mental. Es un gesto de presencia encarnada, una práctica consciente de transformación. Es aquí donde dejas de ser víctima y te conviertes en autor de tu camino. Ya no estás a merced de tus pensamientos, ya no divagas sin rumbo entre rumiaciones o historias dolorosas, sino que colaboras conscientemente para crear las causas y condiciones que te permiten evolucionar, sembrar virtud y recolectar bienestar. Este anillo representa el momento en que la sabiduría interior se vuelve visible en tu vida cotidiana. Es el paso en el que dejas de vivir en automático y comienzas a hacerlo alineado con lo que en realidad eres. Tu práctica se vuelve vida. Tu presencia, guía. Y tu voz interna, una aliada.

Meditación: libérate de la mente narrativa y sus discursos limitantes

Esta meditación complementa el entrenamiento del mandala. Te ayudará a tomar conciencia de los relatos internos que te limitan, a cuestionarlos con compasión y a construir un refugio interno desde el que puedas tomar decisiones más sabias y conscientes. Con ella te invito a llevar esta comprensión al cuerpo, al silencio, a la vivencia plena. Porque entender es el primer paso, pero habitar lo aprendido es lo que transforma.

Siéntate en un lugar tranquilo, con la espalda recta pero relajada.

Puedes cerrar los ojos con suavidad y centrarte en tu respiración.

Inhala profundamente…

Exhala despacio…

Permite que cada respiración te ancle en el presente.

Imagina que estás sentado a la orilla de un río, observando cómo fluyen las aguas. Dedica unos instantes a contemplar, desde la calma, su suave fluir.

Si consideras que está bien, trae a tu mente alguna situación de tensión o dificultad —poco intensa; recuerda que es un entrenamiento, así que elige una con la que puedas empezar a trabajar en tu transformación—. Ahora imagina que cada pensamiento que surge, cada historia que tu mente te cuenta, es como una hoja que flota en la suave corriente del río. No intentes cambiar nada. Solo observa.

Respira y permanece unos instantes en la calma de ver fluir el agua y cómo flotan los pensamientos en ella. Cada pensamiento es una hoja en el río. Obsérvalos y déjalos ir, no intervengas. No tienes que dialogar con ellos, solo deja sobre las aguas todo cuanto traiga tu mente. No necesitas cogerlos ni empujarlos, solo verlos pasar.

Siente la liberación al ver tus pensamientos desde una perspectiva externa. Sin fusión. Nota la libertad de no tener que responder a ellos ni creerte todo cuanto te dicen.

Ahora te invito a que te plantees las siguientes cuestiones: «¿Qué historia me estoy contando sobre la situación? ¿Es una historia basada en el miedo, la exigencia o el control?».

Observa si esta creencia proviene de un miedo antiguo, de una experiencia pasada que ya no define quién eres hoy. Respira profundamente y, con cada exhalación, suelta un poco de su peso.

Lleva ahora tu atención al centro del pecho, allí donde reside tu verdadera esencia, libre de historias, de limitaciones. Ese lugar seguro desde el que observar la periferia de tu mente.

Imagina que en ese espacio hay una luz cálida y serena. Es tu yo observador, tu guía.

Esta luz representa tu sabiduría interna, el refugio donde puedes descansar de la mente discursiva.

Con cada inhalación, siente cómo esa luz crece y te llena de paz y claridad.

Con cada exhalación, suelta las historias que ya no necesitas.

Contempla: «Si soltara esta historia, ¿cómo me sentiría? ¿Cómo sería responder con calma y aceptar que no puedo controlarlo todo?».

Ahora imagina desde la consciencia que observa cómo esta historia puede disolverse con la luz que emites desde tu centro, como si la disipara y se desvaneciera. Entonces, aquí y ahora, contempla cómo sería tu vida si te hablases de una manera más amable, más realista y más esperanzadora, cómo sería tu vida si eligieras acompañarte desde tus recursos más sabios, con tu consciencia más amplia y serena.

Repite desde el silencio de tu mente: «Soy más que mis pensamientos. Mi sabiduría no está en mi miedo, sino en mi capacidad de estar presente».

Permanece unos momentos en este estado de quietud. Deja que la luz de tu refugio interno te sostenga y te recuerde que no eres esclavo de tus pensamientos.

Poco a poco, vuelve a tomar conciencia del espacio en el que estás. Mueve con suavidad los dedos de las manos y los pies.

Cuando estés listo, abre los ojos y trae contigo a tu guía, tu consciencia más amplia, serena y sabia. Trae contigo la certeza de que puedes observar tus pensamientos sin identificarte con ellos.

La próxima vez que tu mente intente contarte una historia limitante, recuerda: no todo lo que piensas es verdad. Siempre puedes elegir que vas a soltar lo que ya no te sirva.

ALQUIMIA INTERIOR

DIARIO DE TRANSFORMACIÓN CONSCIENTE

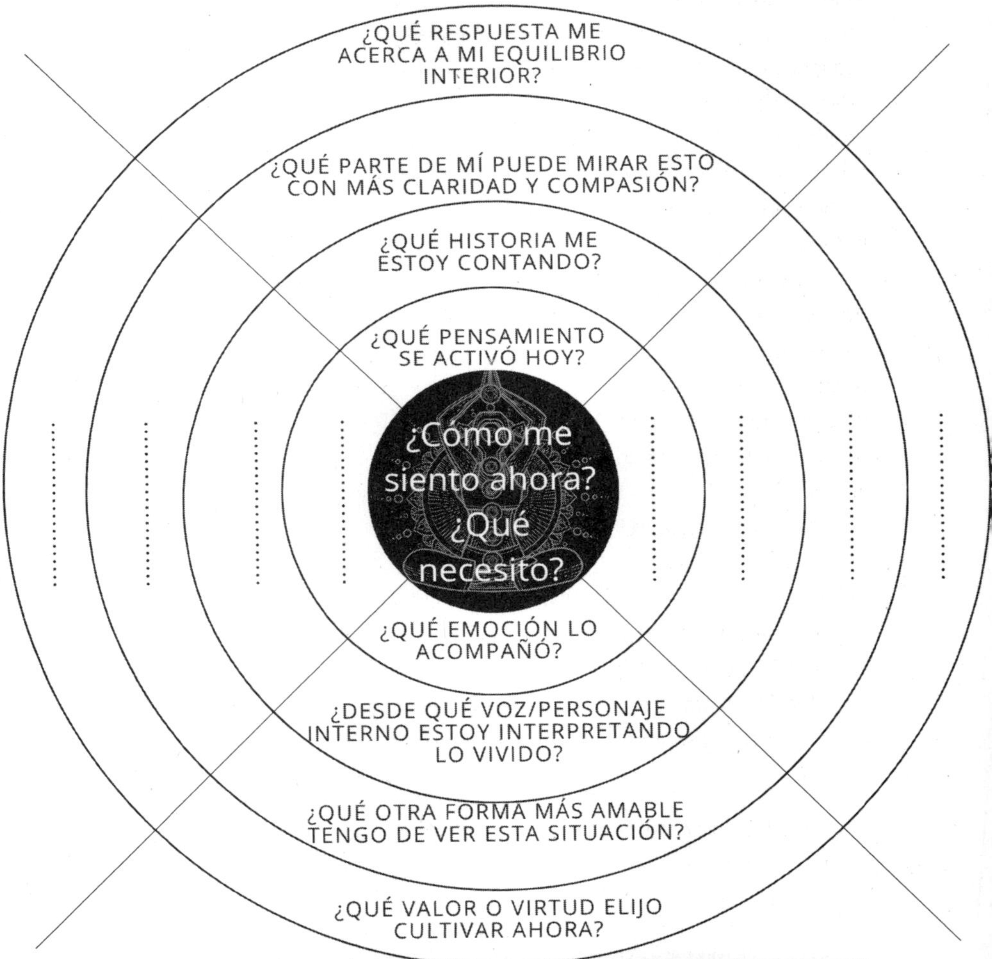

SUELTO LO QUE NO SOSTIENE MI PAZ.
HABITO Y ACEPTO LO QUE ES.
CON CADA PENSAMIENTO CONSCIENTE, ELIJO
CONSTRUIR UN HOGAR MÁS AMABLE DENTRO DE MÍ

Diario de alquimia interior: transformación consciente

Tras la meditación y contemplación del mandala, te invito a integrar la experiencia mediante una pausa de escritura consciente. Es un diario de alquimia porque refleja el arte de transformar lo denso en claridad, lo que duele en sabiduría, lo que limita en impulso creativo. Este diario será tu espejo y tu laboratorio interior, un lugar desde el que acompañarte con honestidad, registrar tus automatismos mentales, explorar tus emociones, reconocer tus narrativas y, sobre todo, dar forma consciente a tus elecciones. Porque lo que se nombra se ilumina. Y lo que se escribe con consciencia se transforma. No es un diario cualquiera. Es un espacio para reconocerte, cuidarte y, poco a poco, alquimizar tu experiencia en bienestar y sabiduría encarnada.

Toma tu cuaderno y regálate unos minutos para detenerte y mirar hacia dentro. Respira de forma consciente y completa. Te invito a sentir este ejercicio de escritura como un acto de presencia, un espacio de encuentro contigo en el que puedes nombrar, explorar y transformar aquellos discursos internos que ya no quieres seguir habitando. Te invito a escribirte con la misma ternura y claridad con las que hoy has decidido mirarte. Esta es una guía para iniciar tu diario de alquimia.

Puedes comenzar con estas preguntas:

- «¿Cómo me siento ahora?», «¿Qué parte de mí necesita ser escuchada y abrazada, y no tanto corregida o exigida?». Por ejemplo: «Siento una mezcla de tristeza y enfado. Tengo el pecho tenso y la garganta cerrada. Necesito atender esa parte de mí que teme no ser vista ni reconocida, la que se esfuerza mucho por agradar y sufre cuando no recibe aprecio».

- «¿Qué pensamiento interno se ha activado?», «¿Qué emoción lo ha acompañado?». Por ejemplo: «El pensamiento ha sido: "No le importo lo suficiente". Y la emoción que lo ha acompañado ha sido de tristeza y algo de resentimiento».

- «¿Qué historia me estoy contando?», «¿Desde qué personaje interno la interpreto?». Por ejemplo: «La historia es que si no me valoran, no tengo lugar. La estoy viendo desde mi niño herido, ese que lleva heridas de abandono, rechazo o miedo, o desde el perfeccionista, el que cree que debo hacerlo todo impecable para ser aceptado».

- «¿Qué historia más compasiva y clara me ayudaría a vivir con más calma, confianza y sentido?». Por ejemplo: «Que puedo ser valioso incluso aunque a veces no me reconozcan. Que puedo expresar lo que necesito sin culpar y cuidar de mí sin exigirme tanto».
- Contempla ante esta situación: «¿Qué respuesta quiero elegir ahora para que me acerque al equilibrio interior que deseo cultivar?». Por ejemplo: «Quiero elegir una respuesta que nazca de la calma: tomar aire, no reaccionar enseguida y hablar más tarde desde la serenidad».
- «¿Qué valor o virtud interna quisiera que me acompañara?». Por ejemplo: «La comprensión tanto hacia mí como hacia la otra persona».

Cada día trae consigo una nueva oportunidad para reescribir la historia que te cuentas. Para suavizar las narrativas que te encadenan, para elegir palabras más verdaderas, más amables, más alineadas con la persona que eres y la que estás en proceso de ser. No es un ejercicio de juicio. No estás aquí para corregirte, sino para acompañarte. Hazlo como lo harías con alguien a quien amas: con respeto, con ternura, con la genuina intención de aliviar tu carga y caminar hacia un bienestar más pleno y consciente.

Cuando sientas que la mente vuelve a su inercia de control, al impulso de reaccionar desde la prisa o la exigencia, a su tendencia a anticipar peligros o vivir en escenarios imaginados, haz una pausa y vuelve a estas preguntas como anclas de sabiduría.

Elige responder desde la consciencia que observa, desde esa parte de ti que no se deja arrastrar por la tormenta mental, sino que sabe volver al centro. Cada momento es una oportunidad para decidir con mayor claridad y libertad. Para soltar lo que no depende de ti y abrazar lo que sí: tu forma de mirar, tu actitud, tu elección de responder desde la serenidad y la sabiduría. Ahí es donde reside tu verdadero poder. Ahí florece tu libertad interior.

Cuando algo te sacuda por dentro, haz una pausa y pregúntate:

- «¿Qué parte de esta situación está bajo mi control?».
- «¿Estoy enfocando mi energía en lo que puedo transformar o en lo que me desgasta sin remedio?».
- «¿Qué pensamiento necesito soltar hoy para recuperar mi paz?».
- «¿Dónde puedo abrir espacio para confiar más y forzar menos?».

Después cierra los ojos un momento. Respira. Vuelve al cuerpo, a tu sensación, al momento presente:

- Si puedes actuar, hazlo desde la serenidad.
- Si no puedes hacer nada, permítete soltar con amabilidad.

Cada gesto consciente, cada elección amable, es un acto de transformación silenciosa, una semilla de bienestar. Recuerda que cada palabra que eliges escribir desde la presencia, cada afirmación que nace de tu centro, es un acto de alquimia interna. No necesitas hacerlo perfecto. Solo estar presente. Contigo. Escucharte con honestidad y ternura.

Tu historia puede ser contada de otra forma. Una que no niegue tus heridas, pero que las honre con compasión. Una que no repita el guion del miedo, sino que escriba con el lenguaje del cuidado, la confianza y la verdad.

Para cerrar tu entrenamiento e integrar estas contemplaciones, te invito a cultivar dos hábitos sencillos pero profundamente transformadores: la gratitud y la intención consciente. Te presento el segundo mandala de alquimia interior, un compromiso con la claridad y la compasión.

ALQUIMIA INTERIOR

UN COMPROMISO CON LA CLARIDAD Y LA COMPASIÓN

¿ESTOY ENFOCANDO MI ENERGÍA EN LO QUE PUEDO TRANSFORMAR O EN LO QUE ME DESGASTA SIN SOLUCIÓN?

¿QUÉ PARTE DE ESTA SITUACIÓN ESTÁ BAJO MI CONTROL?

ME DOY CUENTA

HOY ELIJO…

AGRADEZCO…

Y ACTÚO

¿QUÉ HISTORIA MÁS CLARA Y COMPASIVA QUIERO CULTIVAR?

¿QUÉ RELATO INTERNO ME GUSTARÍA COMENZAR A SOLTAR?

NO NECESITO HACERLO PERFECTO, SOLO NECESITO ESTAR PRESENTE.
CADA RESPUESTA QUE NACE DE MI CENTRO ES UN ACTO DE TRANSFORMACIÓN SILENCIOSA

> Cultivar la gratitud de forma regular fortalece el bienestar emocional, mejora el estado de ánimo, reduce el estrés y favorece la calidad del sueño y la resiliencia. Establecer una intención clara actúa como una semilla mental: orienta tu atención y mejora la autorregulación y motivación intrínseca. Ambas prácticas, si se entrenan con constancia, transformarán tu percepción diaria, aumentarán el equilibrio interno y fortalecerán el contacto con el presente y con lo que de verdad importa

La ecuanimidad y los dos caminos del miedo

El miedo es una emoción primaria, inevitable y profundamente humana. No es señal de debilidad, sino de sensibilidad. Nos protege, nos alerta, nos conecta con lo que valoramos. Pero también puede desbordarnos, confundirnos y alejarnos de nuestra sabiduría interior si no aprendemos a sostenerlo con presencia. En este camino de transformación interior, no se trata de eliminar el miedo, sino de relacionarnos con él de otra forma. Al igual que sucede con el estrés, debemos reconocer cuándo nos cuida y cuándo nos limita. En ambos casos, la herramienta de regulación fundamental es la ecuanimidad, esa presencia activa y equilibrada que acoge lo que ocurre sin dejarse arrastrar por impulsos automáticos. La ecuanimidad es la capacidad de mantener una mente estable, abierta y no reactiva frente a cualquier experiencia, ya sea agradable, desagradable o neutra. Nos permite mirar el miedo sin dramatizarlo, sin minimizarlo y sin quedarnos atrapados en él, recibiéndolo como una energía transitoria que nos trae un mensaje. Sin apego ni aversión.

Como muestra el mapa visual de este apartado, cuando aparece un miedo —ya sea ante un riesgo real o ante una amenaza anticipada— hay dos rutas que la mente puede tomar: dejar que crezca hasta que nos domine o aprender a detenernos, observarlo con claridad y responder desde un lugar más regulado y sabio.

Primer camino: el miedo no regulado

Este es el sendero por el que transitamos cuando el miedo toma el control. La emoción se expande sin freno, alimentada por pensamientos catastróficos, imágenes alarmantes y narrativas mentales cargadas de juicio, urgencia y desesperanza. El cuerpo entra entonces en modo supervivencia: el sistema nervioso se activa, la respiración se acorta, el pensamiento se vuelve rígido y la percepción se estrecha. Aquí, los mecanismos de defensa —lucha, huida o parálisis— se encienden, aunque no haya una amenaza real. Y lo que era una emoción válida se convierte en un estado crónico que agota, desconecta y limita. En este camino, la mente pierde perspectiva. Cada desafío se vive como una amenaza. Cada silencio, como un rechazo. Cada error, como una muestra de insuficiencia. La atención se atrinchera en lo negativo, el cuerpo se endurece y la creatividad se apaga. Lo que debía protegernos ahora nos encierra, nos bloquea.

Segundo camino: el miedo regulado

Este también comienza con la aparición del miedo, pero el recorrido es distinto. Aquí el primer paso es detenernos y observar con perspectiva para reconocer la emoción sin juzgarla, sin amplificarla, sin negarla. En esta senda el miedo se nombra, se observa, se siente en el cuerpo, pero no se convierte en el narrador principal. Desde una perspectiva ecuánime y una presencia lúcida y compasiva, se crea un espacio de reflexión serena entre el estímulo que lo provoca y la respuesta elegida. Y en ese lugar —en apariencia pequeño pero profundamente transformador— accedemos a la corteza prefrontal, el centro neurológico del discernimiento, la autorregulación y la elección consciente. Ya no reaccionamos desde el impulso, sino desde nuestro centro. El miedo no desaparece, pero cambia de rol: deja de ser enemigo y se convierte en mensajero. Nos informa, nos orienta, nos cuida. Ya no nos encierra, nos fortalece.

Cada vez que eliges recorrer este segundo camino estás entrenando nuevas rutas neuronales. Practicas la confianza, la compasión y el discernimiento, y cultivas el equilibrio emocional. Estás provocando que tu mente sea un lugar seguro. En esta conexión con tus recursos internos, puedes contemplar si la amenaza es real o una anticipación imaginada, si el miedo te está protegiendo y avisando o te señala una vieja herida del pasado. Esta reflexión y observación ecuánime es un ancla de claridad para elegir la mejor respuesta.

- **Si el miedo anticipa una situación real,** te ocupas, te preparas, activas tus recursos, pides ayuda si es necesario. El miedo se convierte en brújula: te señala lo importante, te conecta con tu responsabilidad. El miedo es tu aliado, te avisa. No te bloquea, te moviliza.
- **Si el miedo es una distorsión mental,** lo nombras, lo respiras, lo sueltas. Le devuelves su proporción y recuperas la perspectiva. No lo niegas, pero dejas de alimentarlo. Nombras lo que ocurre, identificas su origen, desactivas la urgencia. Cuando reconoces que no estás ante una amenaza real sino ante una historia mental amplificada por creencias limitantes, patrones automáticos o el eco de antiguas heridas, el miedo pierde volumen, el cuerpo se relaja y el presente vuelve a tener espacio.

Ambas respuestas son expresiones de autorregulación emocional madura en la que la meditación y el etiquetado consciente de las emociones te ayudarán al reducir la activación de la amígdala (el centro del miedo) y fortalecer áreas del cerebro responsables del autocontrol y de la autorregulación. Cada vez que eliges parar, respirar y observar con ecuanimidad, estás cambiando tu fisiología, tu narrativa interna y tu forma de vivir. Estás construyendo, paso a paso, ese refugio interno desde el que no reaccionas por impulso, sino que eliges cómo responder. Estás cruzando, una vez más, el poderoso puente de transformación que activa el círculo de la consciencia. Porque el miedo no es tu enemigo, es solo una parte de ti que está pidiendo ser escuchada, vista y sostenida con presencia. Sin embargo, cuando estás desconectado de ti, el miedo se alimenta de sí mismo y sigue creciendo, como una bola de nieve. Tal y como hemos visto, comienza con un pensamiento automático y se retroalimenta con interpretaciones catastróficas y narrativas que amplifican su intensidad. Cuanto más dejes crecer tu narrativa del miedo y más te identifiques o te fusiones con ella, más te alejará de tu capacidad de responder desde el discernimiento y más te dejará a la deriva de los impulsos y las conductas reactivas.

Ahora te invito a contemplar el mapa visual. A sentir en qué punto sueles encontrarte. A reconocer, sin culpa, cuántas veces has tomado el primer camino y cómo puedes comenzar, con pequeños gestos, a transitar el segundo. Porque la verdadera transformación emocional no se produce cuando dejas de sentir miedo, sino cuando aprendes a caminar con él sin perderte en sus sombras. Recuerda: cada instante de pausa es una semilla de claridad; cada momento de presencia, un regreso a casa.

LA ECUANIMIDAD Y LOS DOS CAMINOS DEL MIEDO

DE LA NARRATIVA DEL MIEDO AL PODER DE LA PRESENCIA

APARECE UN MIEDO

Desregulación emocional Reactividad	Regulación Presencia amable
NARRATIVA DEL MIEDO	**OBSERVACIÓN CONSCIENTE**
REACTIVO: AMENAZA, HUIDA, COLAPSO O LUCHA	**ECUANIMIDAD Y PRESENCIA COMPASIVA**
"ESTO VA A SALIR MAL"	"CALMA, LO HARÉ LO MEJOR QUE SÉ"
CONFUSIÓN	CONFIANZA
INSEGURIDAD	AFRONTAMIENTO AMABLE
ANSIEDAD	ACOMPAÑAMIENTO EMOCIONAL
IMPOTENCIA	CORAJE REALISTA
COLAPSO EMOCIONAL O EVITACIÓN	REGULACIÓN ANTE LA DIFICULTAD

EL MIEDO SIEMPRE PUEDE SER UN PORTAL HACIA EL BLOQUEO O HACIA LA CONSCIENCIA Y EL DESARROLLO

4

El viaje de sanación

> Hasta que lo inconsciente no se haga consciente, el subconsciente dirigirá tu vida y tú lo llamarás destino.
>
> Carl Jung

Transformar nuestras historias, sanar nuestras heridas

Antes de seguir avanzando, detente un momento. Has comenzado a mirar hacia dentro, a cultivar presencia y a soltar las narrativas que te limitan. Este es solo el principio de un camino más profundo, uno que no solo observa, sino que transforma. Un recorrido en el que las heridas que antes dolían en silencio comienzan a reconocerse con compasión y a escucharse con valentía. A medida que fortaleces tu capacidad de estar presente, también se abre la posibilidad de sanar. Porque la verdadera transformación no consiste en ignorar el dolor, sino en aprender a mirarlo con una nueva consciencia, sostener tus partes heridas sin juicio, reescribir los relatos que dejaron marcas y encontrar —en medio de todo eso— una fuerza más autentica. Ha llegado el momento de dar el siguiente paso: adentrarte en el viaje de sanación, un trayecto que te invita a transformar tu historia, pero no para cambiar el pasado, sino para liberar el presente del peso de las heridas no atendidas. Es un camino en el que el miedo puede transformarse en coraje; el juicio, en ternura; la oscuridad, en comprensión. Porque, cuando dejas de huir de tu historia, puedes empezar a reescribirla desde un lugar más íntegro y luminoso.

Te invito a adentrarte en la profundidad del ciclo de transformación interna, un viaje en el que integraremos aspectos del ser. Partiremos de tu lugar sagrado y desvelaremos su potencial. Iluminaremos partes ocultas para que dejen de guiarte las fuerzas invisibles de los automatismos y condicionamientos que impulsan tu vida y cultives una vida más consciente y auténtica. Porque la sanación no se produce al negar el dolor, sino al aprender a sostenerlo desde una consciencia más amplia, abierta y amorosa. Se trata de dejar de vivir desde las cicatrices y empezar a hacerlo desde la comprensión que emerge cuando aprendes a honrarlas, cuando reconoces, desde el amor, que lo hiciste lo mejor que pudiste con los recursos que tenías en ese momento. Que esas reacciones, aunque hoy te parezcan desbordadas o limitantes, fueron intentos sinceros de cuidarte, de protegerte, de encontrar seguridad. Honrarlas es mirarlas con ternura y respeto sabiendo que formaron parte de tu camino, pero que no tienen por qué dictar tu dirección actual. Hoy puedes hacer algo distinto, detener su automatismo y reactividad para atenderlas sin juicio ni evasión. Crear un espacio de elección consciente, una pausa sagrada en la que preguntarte de forma honesta y amable: «¿Qué forma de tratarme necesito ahora? ¿Qué nuevo guion quiero empezar a escribir?».

Ignorar el sufrimiento no lo disuelve. Reprimirlo o anestesiarlo no lo sana, solo lo empuja hacia dentro, donde se disfraza de ansiedad, tensión, insatisfacción o desconexión. Sanar implica atreverte a mirarlo con una ternura firme que no justifica todo lo que ocurrió, pero que comprende y abraza lo que hiciste para sobrevivir. Este es el primer acto de verdadera libertad: mirar tu historia con compasión para integrarla y transformarla desde el presente. Te invito a dejar de luchar para sentir que te acompañas a sanar, desvelar tus recursos internos y entrenar la calma y la lucidez de tu mente para que tu presencia ilumine sin perderse en sus sombras.

CICLO DE TRANSFORMACIÓN INTERNA

ALQUIMIA INTERIOR: UN VIAJE DE SANACIÓN

OBSERVO CON AMABILIDAD, ELIJO DE FORMA CONSCIENTE Y CONSTRUYO, EN CADA CICLO, UN HOGAR SAGRADO DENTRO DE MÍ

Mente y cuerpo, un templo sagrado conectado a tu corazón

Para sanar no basta con comprender las heridas desde la mente. Es importante atender la profundidad del lenguaje del cuerpo, dar voz a los silencios guardados, permitirnos sentir lo que una vez evitamos y abrazarnos enteros, sin fragmentos, sin rechazos. El viaje de sanación es una experiencia encarnada. Es aquí donde la mirada consciente se encuentra con la memoria emocional. Porque lo no expresado no desaparece, se transforma en tensión, en patrones repetidos, en síntomas físicos y psíquicos que nos susurran —o a veces nos gritan— que algo dentro necesita ser liberado. Y ese susurro, por sutil que parezca, es una invitación a detenernos, a mirar con honestidad y a abrir espacio para lo que está pidiendo ser escuchado. La mente y el cuerpo son archivos vivos que almacenan recuerdos repletos de emociones, pensamientos y episodios inconclusos. Todo aquello que no atendemos se convierte en un eco persistente que, tarde o temprano, buscará una salida. Como un río subterráneo, aquello a lo que no nos enfrentamos sigue fluyendo bajo la superficie, filtrándose en nuestras emociones, nuestras relaciones y nuestra manera de percibir y relacionarnos con la vida. Mente, cuerpo y corazón están muy conectados, y todo lo que no atiendas acaba emergiendo como un síntoma. Ignorarlo no lo hace desaparecer, solo retrasará su inevitable manifestación.

Reconocer que el cuerpo guarda lo que la mente no ha podido procesar nos invita a mirar más allá de lo evidente. A detectar en los síntomas físicos raíces de experiencias pasadas y emociones no expresadas que nos influyen en la forma de sentir, vincularnos e interpretar el mundo. Como señalan múltiples investigaciones en neurociencia y psicoterapia somática, el cuerpo no olvida: guarda las huellas del trauma, del abandono, del miedo, incluso aunque la mente intente seguir adelante. Por eso sanar no implica solo comprender a nivel racional lo vivido, sino también permitir que ese contenido emocional congelado sea reconocido, sentido y transformado. Lo determinante no son solo las memorias almacenadas, sino la historia y la emoción que seguimos repitiendo en ellas, ecos del pasado que regresan absorbiendo la percepción de las vivencias presentes, narrativas —en un flujo constante de interpretación— que son a la vez mapas de orientación y límites para el avance. La mente puede ser un obstáculo o una aliada.

Te invito a entrenar la observación ecuánime, la apertura compasiva y la escucha sin juicio para atender con calidez lo que te comunica el dolor y así comprender su origen, liberar el cuerpo de tensiones, expresar lo que ha quedado bloqueado y desestructurar las viejas creencias limitantes. Te invito a alinear mente, cuerpo y corazón en una sintonía que armonice tus pasos presentes. Un contacto genuino, libre de condicionamientos pasados y guiones heredados que generan sufrimiento. Porque, cuando nos damos permiso —valiente, presente y amoroso— para observar esas voces internas con amabilidad y compasión, para cuestionarlas con lucidez y actualizarlas desde la verdad emocional del presente, algo profundo comienza a transformarse. Recuperamos el poder de ser autores conscientes de nuestra historia, de narrarla desde un lugar más sabio, más libre y más humano.

Transformar la narrativa interna es sanar el pasado, liberar el presente y abrir espacio a una manera más consciente, auténtica y compasiva de habitarte. No te definas por lo que te dolió, sino por lo que eliges crear a partir de ahora. Transformar tu narrativa es reconocer que no solo eres el resultado de tus heridas, sino también la expresión viva de tu capacidad de transformación. Es permitir que nuevas versiones de ti emerjan no desde la reacción, sino desde la consciencia; no desde la herida, sino desde la elección. Y ahí comienza lo verdaderamente transformador, cuando ya no repites el guion del pasado por inercia, sino que eliges, con presencia, el que deseas vivir ahora.

El sufrimiento es un mensajero que señala rincones olvidados de nuestra historia, emociones que aún no hemos sentido, creencias que necesitan ser revisadas, partes de nosotros que siguen esperando que las reconozcamos, que las nombremos, que las amemos. Sanar es también escucharnos, aprender a sostenernos con amor, con presencia, con paciencia. Cultivar un lugar seguro en tu interior es sentir que tu mente es un refugio en el que no huyes de ti ni del mundo, sino que te encuentras. Sabes que tu presencia serena acogerá las experiencias con compasión, que su lucidez te permitirá responder desde un lugar más sabio. Que tu amor te ayudará a acoger todas las partes de tu experiencia, incluso las dolorosas, para habitarte desde tu verdad y transformarte de raíz. Y, desde ahí, entregarte a la vida con integridad, libertad y armonía. Con respeto hacia ti, hacia el mundo y hacia tu historia. Porque, cuando aprendes a estar contigo de ese modo, el cambio no se impone: brota desde dentro, como una semilla que encuentra, al fin, tierra fértil para florecer.

A continuación te propongo dos prácticas meditativas que son caminos de regreso a ti, dos entrenamientos transformadores, profundos y liberadores que te ayudarán a mirar tu historia interior con ecuanimidad y ternura, que te invitarán a salir del piloto automático y a habitar tu mundo interno desde una consciencia más libre, abierta y arraigada en el presente.

Comenzaremos con un ejercicio esencial: la observación ecuánime. Este primer paso es clave para deshacer la fusión cognitiva, ese estado en el que te confundes con tus pensamientos o con la narrativa interna de tus emociones y crees que son verdades absolutas. Observar sin juicio, sin corregir, sin necesidad de entenderlo todo de inmediato es, en sí mismo, un acto radical de amor y soberanía. Es el suelo firme sobre el que podrás reencontrarte con tu historia interior no para revivir el dolor, sino para resignificarlo desde un lugar más sabio, lúcido y seguro. Desde esta nueva perspectiva, podrás mirar tus heridas con menos miedo y más compasión. Serás capaz de revisar las narrativas que en otro momento te protegieron, pero que hoy te limitan, bajo una nueva luz. Porque, cuando dejas de caminar desde la herida y comienzas a hacerlo desde el aprendizaje, tu historia cambia. No porque el pasado se borre, sino porque eliges responder de otra manera. Es ahí donde se abre el verdadero umbral del cambio: no en lo que ocurrió, sino en cómo decides vivirlo hoy.

Después te invitaré a dar un paso más profundo y sanador. A través del mandala y la meditación ORTS (siglas que responden a «observa, reconoce, transforma, suelta», como verás más adelante), entrenarás mente y corazón para vivir con mayor presencia, compasión y libertad interna. Te ofrezco una guía estructurada y profunda que te ayudará a no reaccionar de forma automática, a no enredarte en los contenidos mentales o emocionales y a permanecer en contacto contigo incluso cuando las aguas se agitan. Esta práctica es un recordatorio poderoso: dentro de ti ya existe un espacio sereno, amplio e incondicional donde todo puede ser sostenido, un lugar en el que tu historia encuentra acogida, la mente narrativa se suaviza y emerge una voz más sabia y presente que puede guiarte. La meditación ORTS no es solo una técnica, es un viaje de retorno, un regreso íntimo al hogar que vive en ti, ese centro sereno más allá del miedo, el juicio o el ruido. Es, en esencia, la liberación de soltar lo que pesa y condiciona, y comenzar a habitar plenamente lo que sí eres: presencia lúcida, sabiduría viva y una calma que no depende de las circunstancias.

Respira hondo. Ofrécete este momento como un acto de amor. Aquí comienza una forma de estar contigo más consciente, más libre, más tú.

Meditación: reprograma tu mente en la observación ecuánime

Adopta tu postura habitual de meditación. Deja que tu espalda esté erguida pero sin rigidez y permite que tus manos descansen relajadas sobre tus piernas.

Cierra los ojos de forma suave y haz tres respiraciones profundas. En cada exhalación, suelta las tensiones y relaja el cuerpo y la mente.

Céntrate en la respiración, sin modificarla. Siente el ritmo natural de tu inhalación y tu exhalación. Respirar te ancla al instante presente.

Permítete estar aquí.

No hay nada que cambiar. No hay nada que lograr. Solo estar. Solo ser… aquí y ahora.

Dirige tu atención hacia el espacio de tu mente. Imagínatelo como un cielo abierto. Amplio. Luminoso. Infinito.

En ese cielo comienzan a aparecer pensamientos. Acepta todos los que se presenten. No luches contra ellos ni intentes detenerlos. No los juzgues ni hables con ellos. Solo obsérvalos, como si fueran nubes flotando. Mira cómo aparecen y se desvanecen. Solo es un movimiento de tu mente.

Relaja cuerpo y mente en cada respiración.

Tal vez veas pensamientos sobre el pasado, preocupaciones, tareas pendientes, historias… Está bien. Limítate a observar.

Cada vez que un pensamiento surja, realiza esta secuencia en tres pasos:

1. Reconócelo: «Ah, un pensamiento».
2. Nómbralo con suavidad: «preocupación», «planificación», «recuerdo», «crítica»…
3. Déjalo pasar: imagina que la nube del pensamiento sigue flotando, alejándose poco a poco en el cielo.

Si en algún momento te descubres atrapado dentro de un pensamiento —lo cual es normal—, sonríe, reconoce que te has distraído y regresa a la posición de observador. Sé amable contigo.

Respira. Vuelve a sentir tu anclaje en el cuerpo, en la respiración.

Recuerda: no hay pensamientos buenos o malos, solo eventos pasajeros en el cielo de tu mente.

Con el tiempo notarás que algunos pensamientos son más densos, otros más ligeros. Algunos pasan rápido; otros intentan quedarse. Está bien. Tu única tarea es observarlos con amabilidad, sin enredarte, sin rechazarlos.

Eres el cielo, no las nubes.

Permanece aquí unos minutos más, en esta actitud de observación abierta.

Recuerda: eres el cielo, no las nubes.

Respira en el espacio que has creado dentro de ti. Siente la calma que nace cuando dejas de luchar contra tus pensamientos y los dejas ser.

Cuando creas que es el momento, muy despacio, vuelve a llevar tu atención al cuerpo. Mueve los dedos de las manos y los pies con suavidad. En cuanto estés listo, abre los ojos y trae contigo esta calidad de presencia, apertura y ecuanimidad.

Recuerda: cada vez que lo necesites, puedes regresar a este espacio interior. Solo tienes que detenerte, observar y soltar.

Contemplación activa

Tras la práctica de observación ecuánime, es natural que empiecen a emerger nuevas comprensiones, pequeños destellos de claridad, emociones que piden ser escuchadas o incluso resistencias sutiles. Has dado un paso importante al sostener tu mundo interno sin reaccionar de forma automática. Ahora te invito a ir un poco más allá, a mirar de forma honesta y con amabilidad lo que ha aparecido durante la práctica o en ese día. Observar sin juicio es el comienzo, pero reflexionar con presencia sobre lo que ocurre mientras observas te ayuda a integrar la práctica en tu vida cotidiana. Este es un momento clave para convertir la experiencia meditativa en aprendizaje consciente. Dar nombre a lo que sucede, reconocer cómo reaccionas, cómo te hablas, y decidir que eliges hacer frente a tus pensamientos abre la puerta a una transformación real y sostenible. Por eso te propongo ahora un espacio de contemplación activa, pero no como una tarea más, sino como un acto de cuidado hacia ti, un tiempo para escucharte con calma, sin exigencia, desde el deseo profundo de comprenderte mejor. Estas preguntas pueden ayudarte a afinar tu discernimiento y a seguir cultivando una mente más clara, compasiva y libre.

Cuando un pensamiento aparezca durante la meditación —o incluso en tu día a día—, pregúntate con honestidad: «¿He podido soltarlo o me he quedado atrapado en él? ¿Cuántas veces he alimentado la inercia del estrés o la ansiedad al debatir con mis propios pensamientos, intentando controlarlos o resolverlos desde la urgencia?».

Si un pensamiento se repite de forma insistente, haz una pausa y pregúntate:

- «En realidad, ¿este pensamiento me ayuda o solo alimenta mi ansiedad?».
- «¿Qué respuesta más amable, realista y funcional podría darme ahora para recuperar el equilibrio?».
- «¿Me estoy tratando con la misma compasión y ternura con la que cuidaría de alguien a quien quiero?».

Recuerda que no consiste en controlar todo lo que piensas, sino en transformar la manera en que te relacionas con tu mente.

Cada vez que eliges soltar una narrativa dañina, comprender lo que se activa o redirigir tu atención hacia lo que te sostiene estás entrenando tu libertad interior. Recuerdas que no eres aquello que piensas. Eres quien observa. Y, desde ahí, puedes elegir vivir con más claridad, calma y presencia.

Meditación ORTS

Ahora que ya has cultivado la capacidad de observar con ecuanimidad, estás listo para dar un paso más en el proceso de transformación interior. Las narrativas que tu mente repite no son estáticas. Son construcciones aprendidas, moldeadas por la historia, la emoción y la memoria. Y, como todo lo aprendido, pueden ser revisadas, comprendidas y reescritas desde una consciencia más amplia. Lo que antes era un automatismo cargado de dolor o miedo puede convertirse, con presencia y ternura, en un punto de inflexión, en una nueva forma de habitarte, más libre, más auténtica, más alineada con quien eres hoy. Este es el momento de integrar lo aprendido y abrirte a una práctica que no solo alivia, sino que transforma. Un poderoso proceso de sanación que te permitirá sostener y atravesar tus pensamientos y emociones con mayor presencia, discernimiento y sabiduría. Una práctica que no impone ni fuerza, sino que te invita a confiar y a soltar para que aquello que ya no necesitas se disuelva por sí solo, sin lucha.

La consciencia lúcida tiene su propio poder transformador. Lo que se mira con verdad y se sostiene con amabilidad empieza a cambiar. Te invito ahora a preparar tu espacio interior. Respira hondo. Siente el peso del cuerpo. Deja que tu respiración te ancle, que tu cuerpo se asiente en la calma del momento presente y que tu corazón se abra con suavidad. Desde ahí comenzaremos el siguiente entrenamiento: la meditación de sanación interior ORTS, un recorrido meditativo profundo que te guiará desde el ruido de la mente narrativa hasta el silencio fértil del centro de tu ser. De la mente automática a la mente consciente. Del peso del pasado a la libertad del presente. De la herida a la integración. Una meditación creada para tomar conciencia de las historias que repites, reconocer cómo resuenan en tu mundo emocional y abrir espacio a una nueva mirada que te permita transformarlas y soltar lo que ya no necesitas cargar.

Meditación de sanación interior ORTS

> Encuentra un lugar tranquilo y cómodo.
> Cierra los ojos y permite que tu respiración sea tu ancla en el presente.
> Céntrate en tu respiración.

Inhala profundamente…

Exhala despacio…

Nota cómo tu cuerpo se asienta en este momento.

Ahora imagina que estás frente a una pantalla en blanco. Sobre ella, tu mente comenzará a proyectar pensamientos, recuerdos o creencias recurrentes. Sin forzar nada, deja que aparezcan.

¿Qué historia interna se repite en tu vida?

¿Qué creencias surgen cuando te enfrentas a un reto o conflicto?

¿Qué palabras utiliza tu mente cuando habla de ti?

Solo observa. Sin juicio, sin tratar de cambiar nada. Estos pensamientos no son enemigos ni verdades absolutas. Solo son historias que aprendiste en algún momento.

Elige una de estas historias y acércate a ella con curiosidad. Pregúntate: «¿De dónde viene esta creencia? ¿En qué momento de mi vida surgió? ¿A qué versión pasada de mí intentaba proteger?».

Tal vez esta narrativa naciera de una experiencia de dolor, miedo o rechazo. Reconócelo con amabilidad. Da las gracias a tu mente por intentar cuidarte a través de esta historia, incluso aunque hoy ya no te sirva.

Imagina que abrazas con ternura la versión de ti que una vez creyó en esa historia. Ofrécele, desde el amor y la serenidad, el siguiente mensaje: «Te veo, te entiendo y ahora elijo una nueva manera de avanzar».

A continuación, respira hondo y pregúntate: «¿Qué otra perspectiva puedo elegir? ¿Cómo puedo transformar esta historia en algo que me fortalezca?».

Si tu narrativa decía «No soy suficiente», prueba con «Soy un ser en crecimiento y cada día descubro más mi valor».

Si decía «No puedo con esto», intenta un «Tengo la capacidad de aprender y adaptarme».

Siente cómo cambia tu energía cuando reformulas tu historia desde la autocompasión y la posibilidad.

Ahora imagina esta vieja historia como si estuviera escrita en una hoja de papel. En tu mente, sostén la hoja entre las manos y siente su peso.

Visualiza frente a ti un río de aguas claras al que te acercas con pasos suaves y firmes. Observa desde su orilla el fluir constante del agua. Quizá incluso puedas escuchar su sonido.

Acércate y deja sobre el río la hoja con tu historia escrita. Observa cómo la corriente la arrastra con suavidad. Fíjate en cómo se mueve y, poco a poco, se aleja en el agua. Como si se disolviera despacio, con suavidad.

Mientras la ves alejarse, repite mentalmente: «Libero lo que ya no me sirve. Me abro a una nueva manera de vivir. Confío en mi capacidad de elegir con amor y sabiduría».

Respira hondo. Siente la ligereza de haber soltado.

Poco a poco, regresa a tu respiración.

Siente el peso del cuerpo, el contacto con el suelo.

Cuando estés listo, abre los ojos con suavidad.

Llévate contigo la certeza de que cada pensamiento puede ser observado, cada historia puede ser cuestionada y transformada.

Hoy has dado un paso valioso hacia la libertad de elegir quién deseas ser, liberándote de las narrativas que ya no te sirven. Este es solo el comienzo de un viaje hacia un yo más consciente y libre.

Contemplación activa con mandala

Una vez hayas experimentado la meditación ORTS y sentido su efecto liberador, es importante que cuentes con una herramienta que te ayude a sostener esta práctica en tu vida cotidiana. La transformación interior no es un evento aislado, sino un proceso continuo que requiere atención, repetición y presencia. Para apoyarte en ese recorrido diario, te presento un mapa simbólico que sintetiza todo lo trabajado, una guía visual que te acompañará en el arte de observar sin juicio, reconocer lo que duele, transformar con consciencia y soltar con amor. Este mandala no es solo una imagen, es un entrenamiento, un recordatorio de que siempre puedes volver a ti, a tu centro, a tu verdad. Déjate guiar por su forma cíclica y orgánica. En él descubrirás que cada pensamiento, cada emoción, incluso las más incómodas, puede ser la puerta hacia una mayor claridad, libertad y compasión.

CICLO CONSCIENTE DE LIBERACIÓN

MANDALA DE LA MEDITACIÓN ORTS

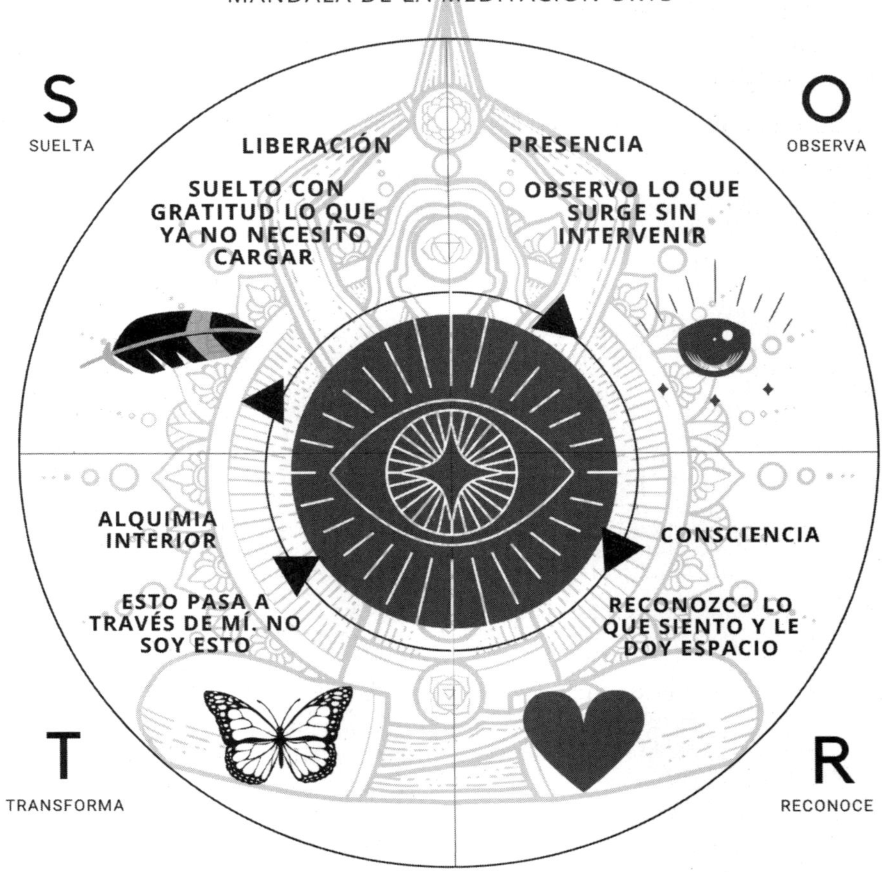

NO SOY LO QUE PIENSO. SOY QUIEN OBSERVA, TRANSFORMA Y LIBERA

Mandala de la meditación ORTS: el ciclo consciente de liberación

Este mapa es mucho más que una ilustración, es una guía viva que acompaña tu práctica consciente, un espejo del proceso continuo de liberación y presencia. A través de su forma circular, el mandala te invita a recorrer una y otra vez los cuatro pasos esenciales del proceso de sanación interior. Cada sección fluye con naturalidad hacia la siguiente, como una rueda en movimiento que te ayuda a restablecer el equilibrio emocional, cultivar la claridad mental y profundizar en la relación contigo. Este no es un camino lineal, sino cíclico y orgánico; cada vez que lo atraviesas, lo haces desde un lugar distinto. Cada vuelta te fortalece, te afina y te acerca más a tu centro.

1. Observa

Todo comienza con un gesto sencillo pero profundamente transformador: detenerte. En vez de dejarte arrastrar por la reacción automática o perderte en el contenido de tus pensamientos y emociones, eliges hacer una pausa consciente. Optas por observar. Te conviertes en testigo. No huyes, no luchas, no reprimes. Solo permaneces presente, con una atención abierta y sin juicio. Es como si contemplaras una nube cruzando el cielo: la reconoces, la dejas pasar. Sabes que está ahí, pero también que no eres tú.

Este acto de observar sin identificarse crea un espacio interno desde el que puedes mirar con mayor claridad, sin fusión, sin impulso reactivo. Y justo en ese espacio amplio, lúcido y habitable comienza la verdadera transformación.

Frase ancla: «Observo lo que surge sin intervenir. Estoy presente sin juicio».

2. Reconoce

Después de observar, das un paso más profundo: reconocer lo que habita en ti. ¿Es miedo, tristeza, enojo, ansiedad? Nombrarlo con honestidad y suavidad es un acto de verdadera valentía. Reconocer no significa agrandar ni intelectualizar lo que sientes, sino permitirte ver con claridad y sin juicio lo que está ocurriendo en tu mundo interno. Cuando reconoces una emoción o un pensamiento desde la presencia —sin rechazo ni fusión—, comienzas a desactivar su poder sobre ti. Lo traes a la luz de la consciencia, y todo lo que es visto con amor deja de operar en la sombra. Reconocer es decirte la verdad con amabilidad. Es validar tu experiencia sin dramatizarla ni minimizarla. Es recordarte que sentir no es fallar, sino estar vivo. Y que en esa mirada honesta y compasiva comienza el proceso de transformación real.

Frase ancla: «Reconozco lo que siento y le doy espacio para ser visto».

3. Transforma

Aquí es donde se produce la verdadera sanación. No se trata de cambiar lo que sientes, sino de transformar la manera en que te relacionas con ello. Dejas de creerte tus pensamientos, de fundirte con la emoción, de reaccionar desde el impulso, y empiezas a recordar que eso que sientes o piensas no te define; es una experiencia que ocurre en ti, no es lo que tú eres. Desde esta nueva comprensión, el peso se convierte en aprendizaje; la confusión, en discernimiento; la reacción, en sabiduría. Transformar no es forzar que algo desaparezca. Es permitir que una mirada compasiva y lúcida disuelva la identificación y abra espacio a una respuesta más consciente, a una comprensión profunda. Es el arte de quedarte presente sin luchar hasta que lo que antes te atrapaba comienza poco a poco a perder su fuerza y te revela su enseñanza.

Frase ancla: «Esto pasa a través de mí. No soy esto. Elijo mirarlo con una consciencia más grande».

4. Suelta

Al fin has llegado al momento de soltar. Pero no lo haces desde el rechazo ni desde la urgencia de deshacerte de algo incómodo, sino desde la aceptación profunda, desde esa comprensión serena de que todo lo que aparece también puede irse. Soltar es permitir que lo que ha surgido se disuelva con la misma naturalidad con la que ha llegado, sin necesidad de retenerlo, analizarlo o controlarlo. Es confiar en que no necesitas cargar con todo para estar a salvo. En que puedes descansar sin resolverlo todo y caminar más liviano sin traicionarte. Soltar no es rendirse. Es un acto profundo de discernimiento y cuidado. Una forma de decirte: «Ya no necesito esto para seguir avanzando». Porque, aunque no siempre puedas elegir lo que aparece en tu mente, puedes escoger cómo te vinculas con ello. Y cuándo es momento de dejarlo ir.

Frase ancla: «Suelto con gratitud lo que ya no necesito cargar. Vuelvo a mi centro».

Al llegar a este punto del ciclo, permítete descansar en la sensación de libertad, respira hondo y regresa a tu centro.

Cada vez que recorres este ciclo consciente —observa, reconoce, transforma y suelta— estás entrenando algo más que tu mente: estás afinando tu corazón, tu cuerpo y tu consciencia para habitarte de un modo más lúcido, libre y compasivo. Este mandala interior no pretende que te conviertas en alguien distinto, sino que regreses a ti con mayor amabilidad, que cultives una nueva forma de relacionarte contigo, incluso cuando la mente se agita o el corazón tiembla.

Los pensamientos o emociones difíciles no se disuelven por evitación ni por resistencia. Se suavizan cuando son vistos con presencia y sostenidos con comprensión. Con cada ciclo, con cada respiración, vas recordando que en ti ya existe un espacio de sabiduría que sabe habitar lo que duele, discernir lo que es funcional y soltar lo que ya no nutre. Cuanto más te entrenas con este mandala, más natural se vuelve vivir desde esa claridad serena que no reacciona por impulso, sino que elige desde el centro. Desde esa voz interna que no impone ni exige, sino que acompaña. Es una sabiduría silenciosa que no necesita gritar para mostrarte las respuestas; solo te pide que te detengas y la escuches. Este mandala no es solo una técnica. Es un gesto de amor hacia ti. Una forma de cuidarte cuando más lo necesitas. Un camino vivo que puedes recorrer cada vez que tu mundo interno se agita. Es una brújula para cuando la mente se acelera, el miedo quiere tomar el control o el cansancio te desconecta de ti. Y también es una celebración de tu capacidad para transformarte. Porque cada vez que eliges observar en lugar de reaccionar, cada vez que decides comprender antes que juzgar, cada vez que sueltas con amor lo que ya no necesitas, algo en ti florece. No como un logro externo, sino como un regreso profundo a tu verdad más íntima. Este mandala es eso: un camino de regreso a casa. A tu centro, a tu sabiduría, a tu calma esencial. Y siempre puedes volver a él. Cuando lo necesites. Cuando te pierdas. Cuando te duela. Cuando simplemente quieras recordar quién eres, más allá del miedo, más allá del ruido. Porque tu presencia amorosa es, en sí misma, el mayor acto de transformación.

Y ahora que he regresado a mí, sé que puedo seguir caminando desde un lugar más claro, más libre, más mío.

Soltar el pensar y regresar al sentir: un viaje para despertar a ti

Después del ciclo de transformación interna y el mandala de liberación ORTS, un movimiento más consciente comienza a fluir dentro de ti, una comprensión más profunda, una claridad más suave. Como si al dejar de forzarte, al dejar de buscar respuestas urgentes, algo en ti recordara cómo habitar la vida con más sencillez. Accedes entonces a un terreno más amplio, más silencioso y más reparador: a tu hogar interior, el lugar al que siempre puedes regresar. Regresas al cuerpo, a la mente en calma, a sentir el instante, a habitar tu presente. Ahí no necesitas demostrar nada, solo eres. Y desde esa consciencia abierta y desnuda todo cambia, se reorganiza. Cultivas una nueva relación contigo y con el entorno en la que sueltas las máscaras y los sesgos del juicio que oscurecen tu percepción. Te permites observar desde la curiosidad, la apertura, la claridad del espacio interior. Ya no miras desde el ruido. Regresas para vivir desde otro lugar más integrado contigo. Con más ligereza, más coherencia, más verdad. Desde la calma del momento presente, la mente se aquieta y el corazón puede descansar. Vuelves a lo sensorial, a lo vivo y esencial: a la sabiduría del cuerpo que sabe respirar, sostener y soltar sin esfuerzo.

En terapia he podido comprobar que tanto el contacto cuerpo-mente como la apertura compasiva permiten integrar vivencias emocionales que no han podido ser procesadas a nivel cognitivo, lo que abre nuevas rutas de resiliencia y bienestar. Cada respiración consciente, cada instante de pausa amorosa, cada gesto de atención plena desde la amabilidad, te permiten restaurarte, comprenderte, abrirte a lo que es para abrazarlo, elaborarlo y sanarlo. Te ayudan a salir de la anticipación temerosa y volver a ti con mayor seguridad. Es como una medicina que repara las fracturas de la mente discursiva. Sanar y liberarte no significa dejar de sentir ni vaciar tu mente de pensamientos. No es desconectarte del mundo. Se refiere a dejar de temer lo que surja. Dejar de creer que tienes que solucionarlo todo antes de estar en paz. No es forzar la calma, sino abrirte a una forma más profunda de estar contigo: presente, disponible, sin rechazo. La verdadera libertad es cambiar el control y la rigidez por un movimiento y una apertura suave que te permita estar presente en todo lo que emerge sin apegarte, sin rechazar, sin confundir tu esencia con los movimientos pasajeros de tu mente. Es ese estado interno de confianza que te ayuda a acoger con ternura lo que sientes para elaborar, integrar o soltar sin exigirte ser o estar de otro modo. Porque cada vez que observas sin juicio, reconoces con compasión, transformas con lucidez y te permites soltar, algo dentro de ti se vuelve más liviano. Te vas desprendiendo de lo que ya no necesitas: del ruido mental, de las narrativas antiguas, del sobrepensar que fatiga, de los bucles de exigencia. Y al hacerlo no te vacías, te reencuentras. Te limpias de lo que te apartaba de tu verdad más íntima. Porque soltar no es perder. Es liberar espacio para ser. Y cuando te habitas desde ahí ya no necesitas demostrar nada. Respiras con más ligereza. Sientes desde la apertura y caminas con más presencia. Te permites apreciar la belleza del contacto genuino de cada instante.

Este entrenamiento no es solo mental. Es emocional, corporal, espiritual. Es un proceso, un camino de retorno a tu lugar seguro, ese espacio interior en el que puedes atenderte sin perderte ni fragmentarte. Ahí todo se asienta, se comprende y encuentra una dirección, regresas a ese núcleo intacto que habita en ti más allá de tus heridas, juicios, autoexigencias o máscaras. Ese lugar sigue en calma, aunque fuera haya ruido. Permanece estable, aunque el miedo te visite. Sabe quién eres incluso cuando tú lo olvidas.

Numerosas investigaciones nos confirman que, al practicar la atención plena, regulamos el sistema nervioso, fortalecemos la corteza prefrontal —el área encargada del discernimiento y de la autorregulación— y reducimos la activación de la amígdala, la responsable de las respuestas de miedo y ansiedad. En otras palabras, cuando respiras con presencia, cuando sueltas la narrativa mental, no solo te calmas, sino que restauras tu sistema mental, emocional y físico. La observación ecuánime y el discernimiento te permiten no quedarte atrapado en los bucles de pensamiento, salir de la fusión cognitiva que te aleja de tu presente y de tus recursos. Con este entrenamiento te liberas del impulso de anticipar, analizar y controlar. Vuelves a experimentar la vida desde tu cuerpo, desde tus sentidos, desde el aquí y ahora. Se abre una nueva forma de contacto contigo y con el mundo, más genuina y profunda. Dejas de ver la vida a través del filtro estrecho de la mente analítica y empiezas a habitarla desde la presencia directa del cuerpo y de los sentidos. Vuelves a sentir sin interpretar. A escuchar sin anticipar. A mirar sin proyectar. Descubres de nuevo el calor del sol acariciando tu piel, el sonido del viento entre las hojas, la mirada de otro ser humano frente a ti sin la carga de los juicios o las expectativas. Sin esperar que la vida sea otra, sin sentir un vacío incómodo hasta la meta, sino la belleza de la plenitud de cada uno de los pasos que das hacia ella. Habitas el presente, tu espacio y tu tiempo. Sin prisas, sin ruido, sin exigencias ni interpretaciones innecesarias. Regresas a lo esencial. A la experiencia directa que tu sabiduría profunda identifica. El cuerpo que sostiene; la consciencia que observa sin interferir, que se asienta; el corazón que guía, que escucha. En este estado de presencia reconoces que no todo necesita ser analizado o resuelto. Algunas cosas —las más importantes— solo necesitan ser vividas, sentidas, apreciadas. Y en estos pequeños gestos conscientes, tan humildes como sagrados, comienzas a recordar la milagrosa sencillez de la vida. Esa sabiduría encarnada que no se encuentra en las respuestas, sino en la conexión directa con lo que es. Y entonces puedes caminar con plenitud desde tu verdad, no bajo la voz de tu herida.

Este es el momento de dejar que la mente descanse y permitir que tus sentidos te guíen de regreso a casa. Vamos a sumergirnos en una experiencia viva, directa y restauradora. Te invito a elegir la paz interior en lugar de la necesidad de control. A que respires hondo y recuerdes que dentro de ti existe un espacio que no necesita defenderse de nada, un lugar que solo es. Y ahí, en esa liberación silenciosa, despiertas a tu verdadera libertad, la de vivir sin condicionamientos, con el corazón abierto y la mente clara y lúcida.

Meditación de reconexión sensorial: vuelve al cuerpo

Te invito a realizar una de las prácticas más eficaces y restauradoras que existen, una profunda reconexión sensorial que te lleva a vivir a través de los sentidos, a conectarte con el momento presente. Te invito a volver a la sabiduría del cuerpo, a la piel, al sonido, al color, a la vida que sucede fuera del pensamiento. Porque no solo sanamos al comprender, también lo hacemos al sentir con plenitud. Reconectar con los sentidos es un anclaje poderoso que nos aleja del ruido mental, del incesante flujo de pensamientos, del estrés y de la ansiedad, y nos devuelve a la belleza del momento presente. Es una forma directa de cultivar presencia, calma y gratitud. Cuando dejamos de interpretar la realidad y simplemente la habitamos con apertura, descubrimos que el ahora está lleno de belleza, textura, quietud y vida. Por eso esta práctica de reconexión sensorial no es solo una pausa, es un regreso al instante en su forma más pura. Una invitación a saborear la vida desde los sentidos, como si todo fuera nuevo. Porque lo es.

Respira hondo, deja que tu cuerpo te guíe y prepárate para habitar la experiencia desde la raíz. Tu cuerpo sabe estar aquí. Entrégate por completo al momento. Observa con curiosidad, escucha con atención plena, acaricia lo que tocas como si lo sintieras por primera vez. Percibe los aromas sin prisa, saborea con presencia y deja que cada sentido te devuelva al lugar donde todo se vuelve más simple y real. Solo necesitas conectar.

Abandona por un momento el piloto automático de la mente que todo lo anticipa, lo analiza, lo repite y déjate sorprender por la frescura de lo que está ocurriendo ahora. Porque a veces lo que más necesitamos no es pensar mejor, sino sentir de forma más plena.

Encuentra un lugar tranquilo y confortable, un espacio donde te sientas seguro y relajado. Puede ser dentro de casa, en un parque o junto a una ventana que te ofrezca unas vistas agradables.

Cierra los ojos e inspira profundamente por la nariz, sintiendo cómo el aire llena tus pulmones. Exhala despacio por la nariz y deja ir cualquier tensión.

Repite este proceso varias veces, enfocándote solo en la sensación de respirar.

Vamos a activar tus sentidos para generar un contacto saludable con el presente. Empezaremos por la vista.

Abre los ojos y elige un objeto que esté a tu alrededor. Obsérvalo sin juicio. Examínalo como si lo vieras por primera vez. Fíjate en su forma, textura, colores y sombras. Pregúntate: «¿Qué detalles no había notado antes?».

Responde sin analizar ni juzgar. Solo desde la curiosidad, con una mente de principiante. Como si fuera la primera vez que lo descubres. Invoca a tu asombro.

Ahora te invito a escuchar con atención plena: vamos a activar el sentido del oído.

Cierra los ojos de nuevo y enfócate en los sonidos que oyes a tu alrededor. Puede ser el viento, el canto de los pájaros, el murmullo de la gente o el latido de tu corazón. Escucha sin juzgar, sin analizar. Solo recibe. ¿Qué sonidos habitan junto a ti en este momento?

Invoca a tu asombro. Atiende a la magia de cada sonido.

Sigamos ahora activando el tacto: te invito a explorar tu mundo con curiosidad.

Coloca las manos sobre una superficie cercana: tu ropa, una planta, una piedra o incluso tu piel. Desliza los dedos despacio y explora las texturas. ¿Cómo lo sientes?

Permanece unos instantes apreciando las sensaciones táctiles como si nunca las hubieras sentido así. Porque este instante es único.

Ahora te invito a descubrir aromas sutiles: vamos a activar el olfato.

Inhala profundamente y detecta los olores que percibes a tu alrededor. Puede ser el aroma de una vela, de una taza de té o incluso el olor de la tierra o de tu piel. ¿Qué emociones o recuerdos te evoca? No vayas detrás de ellos, solo observa todas las sensaciones que despierta en ti este poderoso sentido. Permanece en él por unos instantes, saborea la sensación que te despierta.

Por último, saborea el presente: te invito a activar el sentido del gusto.

Si tienes algo para comer o beber, toma un pequeño bocado o sorbo. Déjalo en tu boca unos segundos antes de tragar, explorando cada matiz de sabor. Hazlo con curiosidad, con tiempo, con asombro. ¿Qué notas nuevas descubres? Permanece en este saboreo.

Para terminar, cierra de nuevo los ojos y vuelve a enfocarte en tu respiración. Inhala profundamente y exhala despacio tres veces.

¿Cómo te sientes ahora?

Agradece a tu cuerpo y tus sentidos todo lo que hacen por tu bienestar a diario. Son capaces de transformar el momento presente y llevarte a descubrir en cada detalle un universo de sensaciones, de vida, de oportunidades para sonreír y respirar en la dicha.

Vuelve poco a poco a tu rutina con una sensación de calma y claridad. Te invito a descubrir en tu día a día la belleza de cada instante, de cada elemento que despierta en ti la magia del asombro y la belleza de contener todo un universo en su interior.

Sentir, comprender y aliviar: la sabiduría de las emociones

Después de este viaje de reconexión con el presente, tu cuerpo y tus sentidos, el movimiento natural de la vida fluye a través de ti. El ruido mental se disuelve en la ecuanimidad, la percepción se expande y la presencia comienza a volverse más estable, más viva. Desde este nuevo equilibrio más anclado y receptivo, percibes con mayor claridad las emociones no expresadas, las tensiones que han quedado atascadas en tu cuerpo y que esperan ser escuchadas. Es el momento de escucharlas, comprenderlas, aliviarlas. Soltar, en el ámbito de la psicología y la meditación, no es desconectarse o desentenderse. Es un acto consciente de regulación. Es permitir que una emoción cumpla su ciclo natural sin que te quedes atrapado en ella. Es darle espacio para sanar, para que pueda expresarse. Porque muchas veces el sufrimiento no proviene solo de lo que sientes, sino de lo que te resistes a sentir. Del miedo a abrirte por completo a la experiencia emocional. De la narrativa rígida tejida alrededor del dolor. De la tensión que se acumula cuando todo se guarda y nada se elabora. Lo que no se expresa se queda en el cuerpo. Lo que no se procesa se convierte en síntoma, en fatiga, en bloqueo. Y lo que no se suelta... pesa. Pero cuando una emoción es reconocida con presencia, cuando es sentida y nombrada sin juicio ni fusión, permites que se regule. Que se integre en tu experiencia presente. Que se transforme en conocimiento. Soltar es confiar en el movimiento natural de la vida emocional. Es dejar de apretar por dentro. Permitir que lo que duele sea reconocido con honestidad y cuidado, y, desde ahí, elaborarlo y liberarlo. Una decisión sutil pero poderosa de no aferrarte a lo que ya pasó, de no cargar con lo que ya no eres y de no cerrar la puerta a lo nuevo por miedo a lo que se va. Para avanzar, necesitas soltar lo que te retiene. Confía. Tienes las llaves de tu lugar seguro, estás listo para dar este paso.

Detente un instante y haz una respiración profunda. Reconoce, con amabilidad y apreciación, todo el camino que ya has recorrido. Has cultivado un lugar seguro y estable, has practicado la observación ecuánime, la aceptación y el discernimiento, has visto nuevas formas de relacionarte con tus pensamientos, de transformar y soltar narrativas internas, has habitado tu presente integrando cuerpo y mente. Ha llegado el momento de abrirte al mundo emocional. Porque así como los pensamientos necesitan ser observados con claridad, las emociones también merecen ser reconocidas, escuchadas y comprendidas. Las emociones no son obstáculos, sino señales vivas de tu mundo interno. Son mensajeras que te traen información valiosa sobre ti y tu experiencia, una energía que te habla de lo que realmente sucede en el contacto pleno con cada experiencia. Te invito a escucharlas sin resistencia, sin perderte en su intensidad ni en interpretaciones reactivas. Acógelas como guías hacia una mayor comprensión de ti mismo. Vienen a conectarte con aquello a lo que necesitas prestar atención. En este nuevo paso te animo a que dejes de resistirte a lo que sientes, a que sueltes identificaciones y aferramientos, y a que comiences a acompañar el fluir natural de tus emociones.

Este es el corazón del trabajo emocional consciente:

- Observa lo que sucede en ti de forma ecuánime, sin identificación ni reactividad.
- Transita la emoción sin perderte en su intensidad.
- Reconócela y atiende su mensaje.
- Siente sin desbordarte.
- Elige la mejor respuesta, sin impulso.
- Suelta sin huir, con amabilidad y apertura.

Estás listo para cruzar un nuevo umbral de integración. Te acompaño a sumergirte en una práctica vivencial, un entrenamiento íntimo y profundo diseñado para reconocer, sin juicio, todo aquello que aún estás sosteniendo, y para abrirte, desde dentro, a la posibilidad de soltar, de liberar con amabilidad. Para permitir que el alivio aparezca como consecuencia natural de tu apertura. No necesitas forzar nada. No se trata de llegar a un estado especial, solo de estar presente, respirar… y permitir. Dejar que emerjan las emociones que has postergado. Permitir que el cuerpo hable con su propio lenguaje. Facilitar que lo que ha estado contenido encuentre un cauce seguro para expresarse y deje espacio a lo nuevo, a lo que tiene que llegar, pero aún no encuentra su lugar. Te invito a atender los mensajes ocultos, un paso tan importante como abrazar la plenitud del permiso a ser y sentir. Para habitarte por completo. Para quedarte contigo.

ENTRENAMIENTO EMOCIONAL CONSCIENTE

MANDALA DE RELACIÓN CON TUS EMOCIONES

TODO LO QUE SIENTO MERECE SER RECONOCIDO CON RESPETO Y SOSTENIDO CON COMPASIÓN

Entrenamiento emocional consciente

Este mandala te guiará a través de los cuatro pasos del entrenamiento emocional. Es una brújula interna para empezar a observar con ecuanimidad tus emociones, darles espacio para la expresión, reconocer el mensaje que te traen y responder desde el cuidado que mereces. Quiero que recuerdes algo esencial: esta forma de estar contigo —más abierta, más presente, más integrada emocional y sensorialmente— es un acto de amor profundo hacia la vida. Es elegir habitarte completo. Te invita a caminar desde un lugar más íntegro y lúcido, más conectado y libre. Este entrenamiento solo te pide honestidad, una disposición amorosa hacia ti y una intención genuina de cultivar, paso a paso, un refugio interno estable. Un espacio al que puedas volver incluso cuando la vida sacuda tus certezas y las emociones agiten tu cuerpo. Una raíz firme a través de la cual puedas sostenerte con confianza, amabilidad y apertura. Un equilibrio que se restaura cada vez que te atiendes sin resistencias, porque sabes que en ese lugar profundo y sagrado de tu interior ya habita una sabia comprensión que te guía.

Pasos del entrenamiento

Este entrenamiento pretende ayudarte a comprender, integrar y avanzar con más libertad interior. Porque, cuanto más comprendes lo que sientes, más libre eres de actuar desde tu verdad, no desde el condicionamiento.

1. Observa sin identificarte

El primer paso es reconocer que tú no eres tu emoción. No eres la ansiedad, ni el enojo, ni la tristeza. Estás atravesando una experiencia emocional, pero esa vivencia no tiene por qué inundarte. En este paso te invito a observar la emoción como un fenómeno que surge, cambia y se disuelve. Una distancia que no te desconecta. Una perspectiva ecuánime que te permite sentir y acoger sin quedarte atrapado en ella.

2. Dales espacio

Gracias a esta perspectiva, empieza a emerger un mayor espacio dentro de ti donde las emociones encuentran permiso para expresarse. Es importante que sepas que, si luchas contra ellas, se intensificarán y que, si las reprimes, se quedarán atrapadas en tu cuerpo. Sin embargo, si les das espacio sin agregar pensamientos que las amplifiquen, se autorregularán. Por ejemplo, si sientes ansiedad y te repites internamente «Esto es insoportable» o «No puedo más», estás alimentando su intensidad. En cambio, si respiras, relajas tensiones y permaneces presente con la emoción, sin rechazarla ni aferrarte, estarás creando un espacio interno seguro de regulación y cuidado. Desde ahí, la emoción podrá seguir su curso natural y desvanecerse. Aprender a soltar la narrativa mental que alimenta el malestar es básico para que la emoción fluya con libertad y no te inunde ni te sobrepase. Confía en el espacio que tu respiración crea para que pueda ser habitado por tu emoción.

3. Reconoce su mensaje: «¿Qué me está queriendo decir esta emoción?»

Desde este espacio de regulación podemos atender con más claridad el mensaje que la emoción trae consigo. Este es el momento en el que ya puedes atender la necesidad que la emoción manifiesta. Por ejemplo, la ansiedad puede estar señalando una carencia de preparación o protección ante un evento futuro. El enojo puede estar avisándote de que se ha cruzado un límite y que necesitas repararlo. La tristeza puede estar conectada con una pérdida o un dolor que necesita ser aliviado y abrazado. Este paso es el momento de preguntarte desde la calma: «¿Qué quiere mostrarme esta emoción? ¿Qué necesidad hay detrás de ella? ¿Qué parte de mí me está pidiendo que la atienda?». Escuchar con honestidad, sin juicio, es la base de una inteligencia emocional más profunda y compasiva.

4. Elige cómo responder: no dejes que la emoción decida por ti
Aquí nace tu verdadero poder: elegir conscientemente cómo actuar. Porque sentir no significa perder el control o tener que reprimirte. Puedes atenderte para responder según tus valores. Por ejemplo, si sientes ansiedad ante una situación desafiante, en vez de bloquearte o escapar, puedes preguntarte: «¿Qué gesto me haría bien ahora?». Tal vez te alivie respirar hondo, escribir, hablar con alguien o moverte con intención. No se trata de eliminar la emoción, sino de usar su energía como orientación. Por ejemplo, otras preguntas que te ayudarán son: «¿Qué acción está alineada con la persona que quiero ser? ¿Desde qué lugar interno decido vivir esto que me está ocurriendo? Esto que quiero hacer, ¿me acerca o me aleja de mi bienestar?». Porque, aunque no puedas decidir lo que sientes, sí puedes elegir qué hacer con ello y qué dirección quieres seguir.

Claves esenciales del entrenamiento

1. **Observa el movimiento de tu mente, sin juicio ni fusión.** No eres lo que piensas, no eres lo que sientes. Eres quien puede observarlo todo sin dejarse arrastrar por nada.
2. **Permite y confía en la autorregulación organísmica.** Tu cuerpo tiende a regularse y alinearse con la vida.
3. **Practica la resiliencia emocional.** Sentir no es el problema. El verdadero reto es qué haces con lo que sientes. Sostén tus emociones sin negarlas, sin actuar desde la impulsividad, sin colapsar. Escucha la necesidad que oculta su expresión y elige de forma consciente la mejor respuesta que pueda satisfacerla.

Meditación: integración del entrenamiento emocional consciente

Cierra los ojos con suavidad. Lleva tu atención al cuerpo y siente los puntos de contacto con el suelo o con la superficie que te sostiene. Siente que estás aquí. Presente. Seguro. Respirando.

Toma una inhalación lenta y profunda. Al exhalar, suelta cualquier tensión innecesaria. Hazlo una vez más.

Inhala presencia…

Exhala suavidad…

Ahora lleva tu atención hacia tu mundo interno. Simplemente observa: ¿hay alguna emoción presente?

No intentes cambiarla ni analizarla. Solo obsérvala como si fuera una nube que aparece en el cielo de tu consciencia. No eres esa emoción. Eres quien la observa, quien la sostiene con atención.

Permite que esa emoción esté ahí. No luches contra ella. Solo crea un espacio amable en el que pueda existir. Respira dentro de ella. Sin juicio, sin dramatizarla, sin historia. Solo espacio, solo aire, solo presencia.

Desde esta presencia abierta, pregúntate en silencio: «¿Qué quiere decirme esta emoción?».

Escucha sin urgencia. Tal vez te muestre una necesidad, una verdad, un recuerdo, un límite. Deja que su mensaje se revele con suavidad. Como quien abre una carta escrita con honestidad.

Con ese mensaje en el corazón, pregúntate: «¿Qué necesito ahora para cuidarme mejor? ¿Qué quiero hacer al respecto?».

Tal vez la respuesta sea descansar. O poner un límite. Quizá sea decir una verdad o abrazarte más. Sea lo que sea, confía. Tu respuesta nace del cuidado, no del impulso. Respira y siente que puedes responder con sabiduría, incluso cuando hay emoción.

Lleva una mano a tu pecho y, si lo sientes, reconoce el valor de haber estado contigo con esta profundidad.

Inhala con gratitud…

Exhala con confianza…

Cuando estés listo, vuelve lentamente al espacio en el que estás. Abre los ojos con suavidad.

Recuerda: cada vez que observas sin juicio, das espacio, reconoces con honestidad y eliges desde el cuidado, estás cultivando una nueva forma de habitarte. Más libre, más compasiva, más tú.

Palabras medicina: afirmaciones para momentos de desafío

Ahora que hemos llegado al umbral en el que la reflexión se disuelve en vivencia, el conocimiento deja de ser un concepto y se encarna en presencia, en el que sostenerte con amabilidad y coraje se vuelve un gesto íntimo, silencioso y cotidiano, te invito a tejer tu mundo interno con hilos sutiles y virtuosos. A entrelazar cuerpo, mente y corazón a través de palabras medicina. Este es el momento en que comprendes que la pausa no es un lujo, sino un hábito consciente de autocuidado. Que cada pensamiento al que prestas atención, cada emoción que aprendes a sostener y escuchar, cada experiencia que integras o decides soltar moldean el pulso de tu vida. Ya sabes que vivir desconectado a expensas de un ritmo frenético solo te empujará al automatismo de una vida vacía, que lo importante reside en otro lugar, uno más consciente, uno que ahora ya sabes apreciar. Te propongo que sigas habitando la comprensión para integrarla en tu experiencia, que puedas recordarte cada día la intención y el sentido de tu caminar. Y para ello te ofrezco la práctica de las palabras medicina.

Las afirmaciones y los mantras conscientes no son simples frases; son semillas vivas que, cuando se repiten con intención, comienzan a germinar dentro de ti. Del mismo modo que una palabra puede herir más que una espada —su eco puede permanecer durante años—, también tiene el poder de sanar. Son actos de presencia amorosa, recordatorios de tu verdad más profunda, anclas para volver a ti entre ruido, miedo o confusión. Son virtudes vestidas de palabras que pueden transformarte desde lo más profundo. La palabra habita en el umbral entre lo físico y lo mental: no es solo pensamiento ni llega a ser objeto, pero existe y transforma. Es un pensamiento encarnado en sonido, una emoción hecha vibración que, al pronunciarse, alcanza no solo el cuerpo de quien lo recibe, sino también su mente y su corazón. Te invito a que dejes que resuenen las palabras como un susurro amable de tu sabiduría interior, permitiendo que tu mente y tu cuerpo las acojan, fortaleciendo la confianza y dando raíces a los aprendizajes que ya habitan en ti. Ojalá puedas sentirlas como una medicina interna en momentos de crisis o dificultad. Ojalá puedan repararte cuando te sientas roto. Recordarte que puedes volver a ti, a tu lugar seguro, cada vez que te necesites, cada vez que quieras restaurar el equilibrio. Porque sentir el eco de la virtud en lo profundo de tu ser hará que puedas seguir avanzando y acompañarte desde un lugar más sabio y consciente.

Cuando usamos las palabras como medicina, integramos la consciencia en esta herramienta cognitiva para que, poco a poco —desde un estado de calma y conexión—, su sonido riegue el terreno fértil de la mente y transforme el paisaje interno en una nueva manera de relacionarnos con nosotros mismos. Usadas con sabiduría, las afirmaciones tienen el poder de reescribir los guiones internos marcados por el miedo, la inseguridad o la autoexigencia. Son un acto de reparación, cuidado, amor propio. Te devuelven al presente, al cuerpo, al centro. Aquí la práctica pretende ser una guía que te oriente, que te ofrezca equilibrio e integridad. Que sea un refugio inspirador en la tormenta para que el pensamiento no te limite, sino que te eleve. Por eso hoy te invito a sembrar dentro de ti palabras que te cuiden, que te sostengan, que te sanen. Palabras que abran espacio a una vida más alineada con tu verdad, con tu paz, con la posibilidad de vivirte desde un centro firme y suave a la vez.

Vamos a practicar, pero no para escapar de lo que sientes, sino para acompañarlo con más presencia y amor. Porque, cuando tu palabra se vuelve medicina en tu mente, tu cuerpo se abre y tu corazón permanece atento para conectarlos.

Cuando realices la práctica, permite que las palabras surjan no desde la mente que razona, sino desde la sabiduría que siente. Repítelas despacio, con intención, como quien enciende una vela en la oscuridad. Deja que cada palabra abra una grieta de luz y que esa luz se expanda hasta tocar tu forma de estar en el mundo. Como una oración silenciosa que haga que te reencuentres con tu verdad.

Para prepararte, puedes integrarlas en la meditación que estés entrenando hoy. Por ejemplo, puedes hacer la práctica de *mindfulness* para calmar la mente o la meditación de tu lugar seguro. Tras ella, busca ese espacio interno en el que tu mente pueda descansar y tu corazón vuelva a confiar. Y cuando sientas que tu respiración se calma, que tus pensamientos se aquietan, que algo dentro de ti se acomoda, regálate esta pausa medicinal. Permite que estas palabras florezcan en tu silencio como una caricia que nace desde dentro. Este espacio interno no lo resolverá todo de inmediato, pero te devolverá el equilibrio necesario para actuar desde la claridad, no desde el vértigo y la urgencia.

Palabras medicina

- **En los momentos de dificultad, caos y confusión, repite:**
    - «Este es un momento desafiante, y elijo afrontarlo con presencia y amabilidad. Confío en mis recursos; me he preparado y lo haré lo mejor que pueda desde lo que hoy soy».
    - «Me acompañaré con ternura, con respeto y con la determinación de sacar mi versión más auténtica y valiente. Todo está desarrollándose como debe».
    - «Camino con la suavidad de una mente enfocada y el coraje de un corazón compasivo. Todo saldrá bien».
- **Cuando el miedo o la ansiedad crezcan, dirige tu atención con amabilidad hacia ellos y, como quien abraza a un niño que necesita sentirse seguro, repite con ternura y firmeza:**
    - «Estoy aquí. Te veo. Te escucho. Pero sé que no necesito temer lo que aún no ha sucedido. Aquí y ahora estoy a salvo. Nada de eso está ocurriendo en este momento. Estoy presente y, desde este instante, puedo volver a mí».
    - «Lo estoy haciendo lo mejor que sé. Puedo confiar en mis recursos. Estoy aprendiendo, creciendo y fortaleciéndome. Aquí y ahora, todo está bien».
- **Para entrenar la autocompasión, repite:**
    - «Ojalá pueda transformar el bloqueo en posibilidad, el miedo en amor, la incertidumbre en un centro de equilibrio interno».

  - «Ojalá pueda disolver la resistencia en aceptación, la confusión en claridad mental, la inseguridad en contacto honesto y profundo conmigo».
  - «Ojalá aprenda a acompañarme sin perderme, a permanecer presente sin cerrarme, a elegir, instante a instante, la libertad de construir un mundo interno más sabio, más amoroso, más mío».

- **Para crear claridad, observación ecuánime y discernimiento, repite:**
  - «No soy mis pensamientos. Soy la presencia que los observa, el espacio donde surgen, cambian y se disuelven. Puedo verlos sin identificarme, escucharlos sin obedecerlos y elegir, con sabiduría, qué historia quiero sostener y cuál soltar con gratitud».

- **Para entrenar la aceptación y disolver la resistencia, repite:**
  - «Ya no necesito resistirme a lo que es ni desgastarme intentando controlar lo que escapa de mis manos. Reconozco los límites con humildad y elijo soltar con amor lo que no me corresponde sostener».
  - «Hoy decido dejar de luchar contra la realidad y abrirme a lo que la vida me muestra con la calma de quien confía y la lucidez de quien observa».
  - «Confío en mi capacidad de discernir, actuar donde puedo transformar y soltar con paz lo que debo dejar ir».

- **Para liberarte, repite este mantra breve:**
  - «Soy el espacio que observa, no la historia que me atraviesa. Hoy elijo la consciencia por encima de la reacción. Cada instante me ofrece un nuevo comienzo, una nueva forma de habitarme. Soy presencia serena, no la tormenta que traspasa. Me permito habitar mi paz».

- **Para entrenar el permiso de soltar, repite:**
  - «Hoy me permito soltar con ternura lo que ya no sostiene mi verdad. Habito el vacío con sabiduría y confianza, como un vacío fértil donde florece lo nuevo».

- **Para transformar el control en confianza, repite:**
  - «Habito este instante con presencia serena. Confío en mi capacidad de sostener lo que la vida me trae y responder desde el centro que me habita».
  - «Soy la consciencia que observa, acoge y transforma. Desde la paz que nace en mi interior, me doy permiso para soltar el control y vivir con libertad, suavidad y verdad».

MANTRAS

AFIRMACIONES PARA LA ALQUIMIA INTERIOR

EN LOS MOMENTOS DE DIFICULTAD, CAOS Y CONFUSIÓN:
INHALO CONFIANZA, EXHALO SUAVIDAD. SOY REFUGIO Y FUERZA

CUANDO EL MIEDO O LA ANSIEDAD CREZCAN:
ME ESCUCHO, COMPRENDO Y ALIVIO.
CONFÍO EN MI PRESENCIA. ABRAZO LO QUE SIENTO Y RESPONDO CON AMOR

PARA ENTRENAR LA AUTOCOMPASIÓN:
HOY QUIERO ACOMPAÑARME COMO LO HARÍA UN BUEN AMIGO

PARA CREAR CLARIDAD, OBSERVACIÓN ECUÁNIME Y DISCERNIMIENTO:
NO SOY LO QUE PIENSO. SOY QUIEN ELIGE CON QUÉ QUEDARSE

PARA ENTRENAR LA ACEPTACIÓN Y DISOLVER LA RESISTENCIA:
CUANDO NO PUEDA CAMBIAR LO QUE SUCEDE, CAMBIARÉ LA FORMA EN QUE LO ENFRENTO

PARA LIBERARTE:
SOY PRESENCIA SERENA, NO LA TORMENTA QUE TRASPASA

PARA ENTRENAR EL PERMISO DE SOLTAR:
SUELTO CON CONFIANZA Y AMOR. CONFÍO. ELIJO DESDE MI VERDAD Y PERMANEZCO EN PAZ

PARA TRANSFORMAR EL CONTROL EN CONFIANZA:
EN MÍ HABITA LA LIBERTAD DEL SER. CONFÍO

USO LA PALABRA COMO MEDICINA

Usar la palabra como herramienta de transformación es un recordatorio profundo del cuidado integral que te mereces. Cuerpo, mente, emociones, vínculos, acciones…, todo está interrelacionado. Lo que piensas, lo que te dices y cómo lo nombras tiene tanto peso como lo que haces o decides. Tus palabras internas no son inocentes: pueden sanar o herir, abrir o cerrar caminos, calmar o agitar el alma. Por eso, cuando tu mente entra en piloto automático —imagina escenarios catastróficos, genera exigencias desmedidas o revive heridas pasadas—, darte cuenta es el primer acto de lucidez. Y elegir hacer una pausa consciente es el primer acto de amor. Esa pausa no es pasividad, es el espacio desde el cual recuperas la soberanía sobre tu experiencia, contemplas los movimientos mentales sin fusión, reconectas con tu base segura y eliges responder de manera más alineada con tus valores.

La repetición consciente de afirmaciones o mantras no es un ritual vacío, es una forma de reentrenar tu mente. De recordarle, una y otra vez, que existen otras rutas, otras voces. Que puedes habitarte con más amabilidad, más coraje, más lucidez. Estas palabras actúan como anclas: devuelven tu mente al centro de equilibrio, interrumpen el bucle de la negatividad y te reconectan con un espacio más amplio y sereno. Cuando afirmas con intención, estás sembrando cualidades internas: resiliencia, calma, confianza, claridad. Estás creando un lugar interno desde el cual todo tu sistema puede volver a la regulación natural. Desde ahí respondes sin herirte, sin desconectarte, sin imponerte exigencias rígidas que te dañan. Puedes atender la dificultad desde el cuidado, no desde el juicio. Puedes mirar el caos sin convertirte en él. Las situaciones difíciles seguirán ahí, pero tu forma de relacionarte con ellas será distinta. No necesitas resistirte ni huir de ellas, solo escucharte con honestidad, acompañarte con comprensión y reconectar con tu centro. Porque la calma no aparece cuando todo está bajo control, sino cuando tú decides ser tu propia raíz estable y conectada. Cuando sabes que no eres ni tus pensamientos ni tus emociones. Recuerda que eres el espacio más grande que puede observarlos, comprenderlos y transformarlos.

Sanar es un camino hacia dentro

No sé cuál ha sido el impulso que te ha traído hasta aquí, a este entrenamiento de consciencia y transformación, pero sé que el mero acto de haber comenzado ya es una semilla de aquello que estás buscando. Aquí no hay un tiempo que determine el resultado ni un espacio que lo limite. Solo existe un proceso de movimiento constante que, si te permites atravesarlo con fluidez y presencia plena, te desvelará la libertad y seguridad de un lugar sereno, lúcido y sabio en tu interior. Uno que necesita ser cultivado cada día, a cada instante, en cada movimiento que la vida te presenta. No desfallezcas en tu práctica de autoconocimiento y meditación. Utiliza estas herramientas de manera formal, durante tus momentos de meditación o reflexión consciente, y también informal, en tus actividades diarias. Teje cada uno de tus pensamientos, emociones y acciones como si fueran medicina sagrada que calma la dificultad, la incertidumbre y el sufrimiento. Confía en la sabiduría del discernimiento consciente para seguir avanzando con el corazón abierto, para que tu contacto genuino y libre te permita sentir la belleza de una vida plena. Camina libre de condicionamientos velados por la aflicción y las heridas. Siente la vida en cada respiración, en cada uno de los sentidos que te conectan a ella. Cuida del sutil equilibrio que te mantiene lúcido.

Entrena cada día y, cuando vengan la dificultad o el caos o cuando grite alguna herida, recuerda volver a ti. No para evadirte, sino para saber acoger la experiencia con la sabiduría que has cuidado. Confía en tu lugar seguro, en esa decisión que te permite respirar de forma distinta, profunda, serena. Que te ayuda a confiar en ti porque te sabes completo. Usa las palabras y los pensamientos como medicina, como un hilo que teje tu experiencia en la dirección virtuosa.

Quiero animarte a seguir practicando la meditación: es una de las herramientas más poderosas que existen para entrenar la mente, regular las emociones y reconectar con tu base segura. A través de ella cultivas algo más que la calma: desarrollas la observación ecuánime, la claridad profunda y la libertad de elegir cómo responder, incluso cuando todo se agita demasiado. Ya sabes que no se trata de vaciar la mente ni de desconectarte, sino de aprender a habitar tu experiencia sin juicio, sin identificarte con cada pensamiento, sin perderte en el oleaje emocional. Es un entrenamiento que te permite soltar la rigidez de tus interpretaciones y confiar en tu capacidad de adaptarte con sabiduría y conectarte con fluidez.

Confía en tu entrenamiento, no en tu voluntad. Confía en tu disciplina, en tus ganas, en tu intención. Todas las meditaciones de este programa se basan en enfoques clínicos y contemplativos ampliamente validados. He combinado *mindfulness*, meditaciones generativas y analíticas, contemplaciones con mandalas y reflexiones de autoconocimiento. Permite que tu lugar seguro siga creciendo. Cada práctica es una semilla que, con el tiempo, irá creando una estructura interna más sólida, más libre, más viva. Recuerda que tu cerebro es plástico. Tu historia no está predeterminada. Puedes crear nuevas redes neuronales, nuevas respuestas emocionales, nuevas rutas para pensar, sentir y vivir. Y cada vez que te detienes, respiras y eliges estar contigo desde este lugar, lo estás haciendo. Recuerda que no necesitas perfección. Solo presencia. Solo intención. Solo el compromiso de recordarte, una y otra vez, quién eres cuando vuelves a ti.

Te acompaño a este lugar, ya sin máscaras.

5

El regreso a casa

> No soy quien la vida me enseñó a parecer. Soy quien, en silencio, vuelve a recordar su verdad.

Todos, en lo más profundo, anhelamos volver a casa. Es una sensación que no se corresponde a un lugar físico ni a una circunstancia perfecta, sino a un espacio interno de paz, autenticidad y pertenencia incondicional. Un lugar íntimo donde puedes simplemente ser, sin necesidad de demostrar, defender o sostener ninguna máscara. Una morada silenciosa donde habita tu esencia: completa, digna, serena. Quiero acompañarte a regresar, que sientas tu presencia en plenitud, sabiéndote valioso tal y como eres, lleno de potencial para avanzar, pero no para ser una mejor versión, sino para abrazar todas tus partes —las rotas, las dolorosas, las que gritaron y lloraron—. Quiero que las reconozcas para comprenderlas y hacerlas sentir en casa. Quiero que te recibas como te mereces, con amor, con cuidado. Que la sabiduría pueda acompañarte a desvelar cada parte, cada personaje interno, desde un lugar incondicional, uno que ya has empezado a cultivar en tu interior: tu lugar seguro.

En esta etapa del camino te acompañaré a dar un paso más profundo en tu transformación. Caminaremos hacia esas estructuras internas que moldearon tu forma de estar en el mundo. Navegaremos hacia esos patrones emocionales, roles aprendidos o personajes internos que, en algún momento de tu vida, creaste para protegerte.

Te ayudaron a adaptarte, a sobrevivir, a sentirte aceptado, pero con el tiempo esas mismas estructuras se convirtieron en una coraza, una defensa silenciosa que, sin darte cuenta, te alejó de tu esencia, de tu capacidad de habitarte desde otros roles más libres y conscientes. Quiero invitarte a acercarte a esas partes con amabilidad y sin juicio. A conocerlas desde el cuidado íntimo a lo que te ofrecieron, a lo que pudieron hacer por ti. Porque quiero que sepas esto con certeza: en cada etapa del camino lo hiciste lo mejor que supiste. Te adaptaste, sobreviviste, cuidaste lo que necesitaba ser cuidado. Hoy, desde la consciencia que has cultivado, puedes hacer algo distinto. Ya sabes que puedes soltar sin culpa, sin juicio, lo que ya no necesitas cargar. Puedes regresar a casa, a tu lugar seguro, y recordar, desde el silencio que todo lo integra, la verdad de quién eres cuando no intentas protegerte.

Y es que, en esta epata del camino, algo dentro de ti ya ha empezado a despertar con suavidad. Has iniciado un proceso valiente: mirar hacia dentro, sentir, reconocer y comenzar a soltar. Has recorrido, paso a paso, los ciclos de la transformación interior. Has hecho pausas conscientes y respirado en medio del ruido. Has pronunciado palabras que siembran, anclan y abren, y has tocado con ternura partes de ti que quizá estaban esperando a ser vistas desde hace tiempo. Aunque los cambios no siempre se ven de inmediato, algo se está reordenando dentro de ti: tienes más claridad, más calma, más verdad. Porque todo acto de consciencia deja huella, y tú ya estás caminando por un sendero de regreso a ti más lúcido, más amoroso, más libre.

Este capítulo es una invitación a emprender el viaje de regreso, un retorno amable, consciente, hacia esa parte esencial que nunca se perdió, solo quedó cubierta por capas de miedo, exigencia y estrategias de autoprotección. Cada personaje interno, cada patrón aprendido, construyó una coraza que te separó de tu centro, de quién eras en realidad. Y se repitieron tantas veces a lo largo de tu camino que terminaste identificándote con ellas, creyendo que tú eras el personaje. Pero hay algo en la intimidad de tu mente, en el silencio y el resguardo de tu lugar seguro, que te hace sentir que eres mucho más amplio, más libre y más profundo que cualquier rol que hayas aprendido a representar. Un silencio que, desde su seguridad y cuidado, te permite verte completo. Integrado.

Quiero compartir contigo una propuesta para mirar, con compasión y lucidez, estas construcciones mentales. Volver a casa es dejar de esforzarte por encajar en moldes ajenos y comenzar a habitar tu camino con honestidad y presencia. No necesitas convertirte en alguien nuevo. Solo recordar quién eres cuando dejas de aferrarte a la historia de quien crees que debes ser. Te invito a hacer una pausa para recordar el camino de regreso a casa, a la esencia de tu ser. Sin luchas ni esfuerzos para la validación. Un sendero habitado con bondad, sin exigencias, en el que seguir cultivando tu lugar seguro y darte la posibilidad de encontrarte contigo. Te estás esperando para darte permiso a ser quien sabes que eres. Completo, consciente… y profundamente libre.

Vamos, te acompaño en este viaje.

EL CAMINO DE REGRESO A TI

DEL OLVIDO DEL SER AL CONTACTO CON TU ESENCIA

VOLVER A TI NO ES UN DESTINO, ES UNA PRÁCTICA SAGRADA

Meditación: el regreso a casa

Busca una postura cómoda, con la espalda erguida y relajada. Si puedes, cierra los ojos. Deja que tu respiración se asiente, sin forzarla. Observa el cuerpo. Nota el peso del momento presente.

Lleva la atención al punto de contacto con el suelo o la silla. Observa cómo respiras, sin que tengas que hacer nada.

El pecho se expande… y se suelta.

El aire entra… y sale.

Permite que este ritmo te devuelva a ti.

Ahora te invito a imaginar que caminas por un sendero.

A cada paso, sueltas una capa: una exigencia, una voz crítica, una imagen que ya no necesitas sostener.

Siente que el cuerpo se aligera, que el corazón se abre un poco más, que la mente empieza a descansar.

Ahora visualiza frente a ti un espacio cálido y sereno en el que, poco a poco, surge un sendero, un camino tranquilo en el que te adentras. Es una senda íntima, solo tuya. A cada paso notas que algo se suelta: una carga, una máscara, una exigencia.

Con cada exhalación, visualiza cómo dejas caer una capa de rigidez o juicio. Puedes soltar la necesidad de hacerlo todo bien, la culpa que no te pertenece, la prisa por llegar a otro lugar que no sea este.

Camina despacio hacia dentro, hacia ese espacio donde no necesitas demostrar nada. Donde no eres un rol, ni una etiqueta, ni una historia incompleta. Solo eres tú, en calma, respirando, siendo.

Permite que esta visualización se convierta en una sensación de alivio, de descanso, de pertenencia.

Siente tu caminar más liviano, tu presencia más plena.

Imagina que al final del sendero llegas a un lugar abierto y luminoso que te conduce a tu interior.

No es un sitio físico, sino un estado de presencia.

Es tu refugio. Tu hogar interno. Un espacio que no desaparece, aunque a veces lo olvides.

Siente su silencio amable, su estabilidad sin esfuerzo. Allí no tienes que mejorar nada de ti. No hay nada que cambiar. Solo hay una verdad sencilla: estás a salvo contigo.

Respira ahí. En calma.

Siente que no tienes que hacer nada para merecerlo. Solo habitarlo.

Desde este lugar, repite internamente con cada respiración: «Estoy en casa, dentro de mí. No tengo que demostrar nada. Solo regresar. Estoy en casa. Aquí no falta nada. Puedo soltar, confiar y descansar».

Permite que esta afirmación se convierta en un anclaje. Una certeza suave que te acompañe más allá de la práctica.

Para concluir, lleva una mano al corazón. Respira una vez más y agradece este momento de conexión contigo.

Recuerda: puedes volver aquí cuando lo necesites. Este espacio no se pierde, ya vive en ti.

Emprende el viaje de regreso a ti

La vida es un viaje bonito, lleno de encuentros que a veces solo duran un instante y otros que se convierten en una compañía profunda. Me gusta imaginarla como un sendero en movimiento en el que, por un instante, nos cruzamos, nos reconocemos y ojalá también nos respetemos lo suficiente para sostenernos con amor cuando más lo necesitemos. Un viaje de descubrimiento constante en el que cada paso puede ser un recordatorio de lo humano, lo compartido, lo esencial. Un camino en el que las experiencias —dolorosas y luminosas— no solo nos afectan, sino que nos transforman. Nos invitan a crecer, a comprendernos, a vernos más allá de las apariencias, más allá de los personajes que usamos para protegernos. Ojalá que en ese encuentro no sintamos la necesidad de competir ni de defendernos, sino el deseo profundo de cuidarnos, de mirarnos con honestidad, con una ternura desarmada, sin máscaras ni estrategias. Porque la verdadera conexión no nace de la perfección, sino de la autenticidad. Nace cuando dejamos de exigirnos ser lo que no somos, cuando soltamos las armaduras del personaje ideal y volvemos a habitar nuestra humanidad compartida, esa que se equivoca, que siente, que a veces cae, pero que también aprende, repara y ama con más verdad. Ojalá podamos compartir sin medir los vínculos por logros ni apariencias, sin comparaciones que enfríen la mirada, sin que el ego sea un filtro tan rígido que nos separe. Porque, cuando dejamos de luchar y empezamos a vivir desde lo esencial, desde la verdad de los valores y virtudes, todo se vuelve más claro, más simple, más humano. Podemos respirar con más libertad y relacionarnos desde la comprensión, no desde el juicio. Desde la escucha, no desde la exigencia y la crítica.

Ahora quiero invitarte al acto sagrado de regresar a ti, a tu esencia, a lo verdadero, quiero recordarte quién eres cuando no necesitas forzarte ni disfrazarte. Te invito a ir a un lugar interno en el que tus heridas no son rechazadas o enmascaradas, sino vistas, reconocidas y amadas como parte de tu camino, de tu historia. Un espacio donde puedes darles el cuidado que se merecen sin exigencias, sin juicios ni condiciones. Solo con la verdad de quien sabe estar consigo mismo con presencia, ternura y respeto. Una forma de caminar en la que adaptarte al entorno o protegerte de las circunstancias no signifique alejarte tanto de tu esencia que tengas que perderte de ti. En la que tus defensas no sean imposiciones rígidas, sino elecciones conscientes que respondan desde los valores que decides mostrar. En la que el coraje compasivo ruja más fuerte que la guerra. Porque, en este viaje de regreso a ti, el amor sanará esas partes que quedaron a la espera de ser acogidas. Porque, en el fondo, todo este camino ha sido eso: una invitación a volver. A ti. Al instante. A tu verdad.

Hoy, desde esta base más consciente y segura que estás cultivando, te invito a mirar esas partes de ti con una nueva luz. Pero no para rechazarlas ni eliminarlas, sino para integrarlas con compasión. Para permitir que evolucionen contigo. Porque si un día esas estrategias, máscaras o patrones fueron necesarios para sobrevivir —se crearon para protegerte—, hoy pueden encontrar una nueva forma de existir más consciente, más libre, más en sintonía con quien eres ahora. Ya no necesitas esconderte detrás de ellos ni seguir viviendo en piloto automático. Puedes detenerte, escucharlos, reconocer qué función cumplieron y luego elegir, con plena presencia, cuándo y cómo te sirven hoy. Seguro que fueron respuestas inteligentes a momentos difíciles. Se construyeron con la intención de ayudarte a caminar, a pertenecer, a sobrevivir de la mejor forma que sabías en ese instante. Y eso también merece verse con amor. Porque a veces, cuando la herida y la vulnerabilidad gritan fuerte, la mente construye defensas. Y no porque estés roto, sino porque necesitas proteger lo que duele. Pero quiero que recuerdes que tú no eres tus personajes. No eres tus antiguos mecanismos de defensa ni los patrones que se activaron en momentos difíciles. Eso formó parte del camino, no define tu destino. Puedes decidir que vas a construir una forma de habitarte más auténtica, más fiel a tus valores, más alineada con tu verdad actual. Estás cultivando una mente más consciente y ecuánime, un corazón más cálido y abierto, una presencia más plena y amorosa. Más libre.

Confía en este proceso del ser, una presencia viva, consciente, que no exige rendimientos ni resultados para validarse. Es el poder sereno de estar contigo sin condiciones, sin exigencias, sin necesidad de perfección. Es vivir desde tu centro, habitando tu verdad más allá del ruido mental o las expectativas ajenas. Sin depender de los antiguos condicionamientos, de las voces que un día hicieron que dudaras de ti, sin buscar la constante validación externa. Ya no necesitas que otros te definan para sentirte valioso. Tampoco cumplir todos los mandatos heredados ni seguir sosteniendo roles que ya no te representan. Te liberas de la trampa de confundir lo que eres con lo que haces, con lo que tienes o con los logros que alguna vez pensaste que te aportarían identidad. Te liberas de cumplir guiones ajenos, unos que no elegiste de forma consciente, pero que seguiste para sentirte amado, aceptado y seguro.

Hoy puedes empezar a soltar esas capas que ya no te representan. A elegir con libertad y presencia quién quieres ser, pero no por obligación, sino por coherencia interna. Porque tu verdad no necesita adornos, solo permiso para ser desvelada. Y cuando eliges ser ese refugio, algo profundo comienza a asentarse dentro de ti. Dejas de correr detrás de una versión idealizada de ti. Dejas de exigirte ser otro, estar en otro lugar o sentir algo diferente a lo que ahora sientes. Y en ese permiso, en esa aceptación radical, comienzas a habitarte y quererte con más verdad. Es un despertar suave, un gesto amable, una decisión silenciosa de volver a la libertad de conectar contigo. A lo que eres cuando no intentas ser de otro modo. Porque no hay nada más revolucionario —ni más profundamente sanador— que dejar de luchar contra ti, abandonar esa guerra interna que, sin saberlo, sostenías en nombre del miedo, de la exigencia, del deber ser. En su lugar, te invito a que regreses a ti con amor, con paciencia y con la ternura que siempre mereciste. No se trata de renunciar a tu evolución, sino de comprender que puedes crecer sin herirte, transformarte desde el cuidado, no desde la crítica.

Este viaje hacia tu verdad es un acto de amor y valentía silenciosa. Es un viaje hacia lo sagrado. Volver a ti es abrazar tu vulnerabilidad como parte legítima de tu fortaleza. Porque ahora ya sabes que puedes sostenerte de otra manera. No necesitas la rigidez de la exigencia ni las máscaras de la perfección para sentirte valioso. No necesitas que tu mente sea un campo de batalla para mejorar. También puede ser un refugio. Volver a ti es un acto íntimo de conexión con tu verdad, con tu esencia, con la confianza en la vida y sus procesos. No hay nada que forzar. Solo hay que permitir. Solo hay que recordar, abrazar y conectar. Porque en el fondo siempre estuviste ahí. Solo esperabas ese gesto profundo de amor incondicional, ese espacio seguro que solo tú puedes ofrecerte por completo. Me gustaría que te permitieras sentir el poder transformador de tu presencia auténtica. Porque, cuando te acercas a ti sin máscaras, desde un contacto amable y real, algo profundo empieza a regularse. Tu cuerpo respira de otro modo. Tu mente se aquieta. Tu corazón se abre. Empiezas a escucharte con más compasión. Y en esa escucha atenta vas revelando lo que llevaba tiempo sepultado bajo las prisas, la exigencia o el ruido exterior: necesidades olvidadas, emociones postergadas, heridas que pedían ser vistas. Al hacerles espacio desde la presencia consciente, no desde la crítica, las piezas empiezan a encajar de otra manera. Comienzas a mirar tu historia con otros ojos. A comprender en lugar de juzgarte. A soltar lo que ya no te pertenece. Y eso te transforma. Y no porque te conviertas en alguien distinto, sino porque al fin te permites ser tú. Lo que antes dolía, al mirarlo con amor, se convierte en sabiduría, en guía, en una fuerza suave y verdadera desde la cual puedes seguir creciendo sin dejarte atrás. Sin desconectarte de ti. Sin fragmentarte.

Ahora, desde esta libertad silenciosa, respira. Siéntete. Acoge todo lo que aparece sin juicio. Este silencio es fértil. Este momento es completo. Recuerda que bajo todas esas construcciones hay una verdad que nunca te ha abandonado: tú eres valioso tal y como eres. Tú ya eres presencia. Tú ya eres hogar. No eres solo la historia que heredaste ni las creencias que aprendiste. Eres un ser en expansión continua capaz de descubrir en cada experiencia la fuerza, la sabiduría y la belleza que siempre han vivido en ti.

Este es el viaje. Este es el regreso. Y ya estás preparado para continuar.

Estoy aquí, contigo. Te acompaño.

EGO: CUANDO LA MENTE SE OLVIDA DE SU VERDADERO HOGAR

Lo bonito del viaje es cómo lo transitamos. Me encantaría que lo recorrieras apreciando la belleza que reside en lo simple, en lo cotidiano. Cada instante de vida es un regalo que nos merecemos vivir en plenitud, junto a la serenidad de una mente enfocada que ya se siente en casa, en un lugar seguro. Que sabe regresar a lo esencial, cuidar del camino sagrado hacia su centro. Ojalá puedas abrazar tus heridas con la misma comprensión con la que celebras tus fortalezas. Ojalá cultives virtud en este regreso a casa, en este espacio sagrado que emerge cuando la consciencia despierta y se alinea con la verdad. Un lugar en el que se abre de forma natural una nueva posibilidad: observar, con apertura y lucidez, la estructura que durante tanto tiempo ha organizado tu mundo interno. El ego.

Toda transformación profunda nos lleva, en algún momento, a este encuentro esencial: mirar de frente a esa voz interior que dice «Yo», esa que interpreta todo cuanto ocurre y que también nos exige, nos castiga, nos señala y nos encorseta en una estructura rígida. En esta parte del camino reconoceremos sus múltiples formas —a veces sutiles, en ocasiones ruidosas—, sus máscaras de exigencia, defensa, logro o autosuficiencia. Y no para silenciarla o hacerla desaparecer. Quiero acompañarte a comprenderla con honestidad y ternura. Deseo que puedas conocer y observar con atención cómo se ha formado, qué función ha cumplido en tu historia, qué experiencias y creencias la sostienen y qué partes de ella necesitan ser hoy liberadas para permitirte crecer. El ego es una de las fuentes que acrecientan nuestro sufrimiento; entender su estructura te ayudará a flexibilizarlo, diluir su influencia negativa y recordar el verdadero camino de regreso a casa. Te invito a ofrecerle el lugar para el que está diseñado. Porque puede ser un buen acompañante que organice la experiencia y que te oriente hasta que puedas hacerlo desde un lugar más consciente, pero no es el indicado para gobernar tu mente ni dirigir tu camino. Y lo haremos sin lucha, sin guerras internas, desde la paz que se desvela en la unión, en el amor de regresar a ti sin máscaras.

El ego es una función psíquica necesaria, una parte de la mente que organiza la experiencia, da continuidad al sentido del yo y nos permite desenvolvernos en el mundo con cierta coherencia. Es una herramienta útil para interpretar la realidad y orientarnos en ella. Pero cuando dejamos de verla como herramienta y comenzamos a identificarnos por completo con sus narrativas, sus miedos y sus guiones heredados, emerge el dolor. Porque lo que realmente duele no es tener ego, sino vivir atrapados en su relato. Lo que limita no es su existencia, sino la creencia inconsciente de que solo somos eso, la historia interna que aprendimos a contarnos: lo que logramos, lo que tememos, lo que fallamos o lo que creemos que deberíamos ser para sentirnos valiosos. Cuando el yo cristaliza, deja de ser una estructura flexible y se convierte en una prisión invisible. Dejamos de habitar la verdad que fluye y armoniza, y empezamos a responder desde el deber, la defensa o la autoexigencia. Entonces el ego que alguna vez nos sostuvo comienza a estrecharnos, a reducirnos a un personaje que se repite. Y lo hace tanto que ni siquiera nos percatamos de que quizá ya no refleja lo que somos hoy ni lo que podemos llegar a ser. El ego cristalizado, rígido, limita tu libertad y la potencialidad del ser al cohibir el impulso hacia una verdad más consciente.

Esta sensación de identidad que llamamos «yo» se gesta en la intersección entre la biología, el entorno y la experiencia. Tu temperamento natural te provocó ciertas inclinaciones, pero los que moldearon esa materia prima fueron los vínculos, los mensajes recibidos, los modelos observados y las experiencias dolorosas y amorosas. Y fue el ego, con su capacidad de organización, el que lo tejió todo en una narrativa coherente: una historia sobre quién eres, cómo deberías comportarte y qué necesitas hacer para sentirte valioso o seguro. Capa a capa, fue construyendo una red sutil y persistente de creencias, etiquetas, mandatos y roles que absorbiste mucho antes de tener las herramientas necesarias para cuestionarlos. De niño, cuando aún no podías discernir, grabaste impresiones profundas. Unas nacieron del amor incondicional; otras, del juicio, del miedo o de la necesidad de aprobación. Y así el ego empezó a consolidar una estructura que te ayudó a adaptarte, a encajar, a sobrevivir. Y lo hizo bien porque, en su momento, muchas de esas formas fueron necesarias. Pero lo que alguna vez fue protección y seguridad puede convertirse, con el tiempo, en una limitación silenciosa. Cuando la mente olvida su verdadero hogar —ese espacio de presencia lúcida y conexión genuina con tu esencia—, el ego toma el control y pasa de ser un puente hacia la vida a convertirse en frontera.

De forma natural, cuando llega la adolescencia, muchas de esas construcciones internas comienzan a tambalearse por la nueva fuerza del ser en evolución. Ensayamos nuevos roles que nos acerquen al adulto que deseamos ser, desafiamos esquemas, exploramos la pertenencia a otros contextos posibles. El ego se vuelve un campo fértil de exploración: «¿Quién soy yo, más allá de lo que aprendí a ser?». Este proceso seguirá vivo a lo largo de la vida. Cada experiencia significativa nos ofrece una nueva oportunidad para revisar nuestros roles y conocernos desde otros ángulos. Surgen nuevos personajes internos: unos intentan controlar, otros buscan protegerte, algunos desean ser amados. Y, aunque diferentes en forma, todos tienen algo en común: nacieron para ayudarte. No necesitas eliminarlos, sino flexibilizarlos, comprender su función y liberarte de su control. Dejar de identificarte de forma rígida con ellos. Muchas de las funciones que adoptaste te ayudaron a sobrevivir, pero hoy quizá ya no cumplan su objetivo, quizá hoy puedas aprender nuevas formas. Porque ese yo que parecía fijo e incuestionable también puede renovarse, abrirse a lo que eres ahora, a lo que estás siendo. Eres todo potencialidad, eres mucho más de lo que te dices que eres. Obsérvate sin juicio, reconoce qué partes de ti nacieron del miedo y cuáles del amor, y elige cuáles quieres seguir alimentando o dejar atrás. En ese instante disuelves el condicionamiento y nace tu libertad de ser.

Los personajes del ego y sus múltiples voces

En la dinámica interna del ego emergen distintos personajes. Cada uno narra e interpreta tus experiencias según el reflejo de su historia, una visión parcial y cristalizada sobre lo que has vivido. Emergen de una necesidad, junto a emociones, mensajes, recuerdos y heridas que aún pueden seguir abiertas. Unos susurran amabilidad, otros expresan dureza y los hay que critican o exigen. Forman parte de un universo interior que te propongo conocer con apertura, presencia y compasión. Te invito a sentarte junto a ellos, a escucharlos sin prisa, sin rechazo, desde la ternura de quien está dispuesto a comprender su origen, su función, su intención. Porque todos ellos

—los luminosos y los más sombríos— forman parte de tu camino, nacieron como formas de protección. Encarnan estrategias que, en algún momento de tu vida, tuvieron una función adaptativa y de supervivencia. Ninguno surgió para dañarte, aunque hoy, desde la rigidez o el miedo, algunos te generen dolor. Mirarlos con amor es también una forma de honrar la fuerza con la que alguna vez cuidaron de ti. Solo necesitan ser vistos y reconocidos para que puedas comenzar a transformarlos. Porque el ego y sus distintas voces pueden convertirse en personajes enemigos que detengan tu evolución o en aliados que te conecten con tus recursos. Porque dentro de ti también existen voces conscientes, guías que acompañan tu presente desde la virtud.

A continuación te muestro los más comunes. Quizá reconozcas en ti algunos de ellos. Te invito a hacerlo con ternura y discernimiento, a que puedas atenderlos con el amor que merecen —al fin y al cabo, son partes de ti— y con lucidez suficiente para destilar qué parte de su historia ya no responde a lo que necesitas hoy. Te animo a detener la inercia de su eco automático para decidir cómo deseas integrarlos en tu día a día de forma más funcional, adaptada a tu contexto actual y a quien eres hoy. Porque recuerda que tú no eres tus pensamientos ni tus personajes. Eres mucho más que todo eso. Los contienes, decides y eliges qué parte mostrar, cómo responder, qué cultivar en el camino. Eres mucho más que cualquier guion heredado; eres consciencia en movimiento, presencia que se despierta, posibilidad viva.

1. **Crítico interior.** Voz que juzga tus acciones y decisiones, buscando protegerte del error o el rechazo, pero hiere tu autoestima y siembra la inseguridad en ti. Minimiza o ridiculiza tus logros o emociones.

2. **Perfeccionista.** Cree que debes hacerlo todo de forma impecable para ser aceptado o valioso. Te presiona, te exige y

nunca se siente satisfecho porque solo si eres perfecto serás digno de amor y reconocimiento.

3. **Salvador.** Necesita sentirse útil y valioso rescatando a los demás. A menudo descuida sus necesidades para satisfacer las de los otros. Busca que lo quieran a través del sacrificio.
4. **Niño herido.** Personaje sensible que lleva las heridas de abandono, rechazo o miedo. Suele aparecer en forma de inseguridad, miedo al rechazo o necesidad de aprobación.
5. **Controlador.** Necesita controlar las situaciones, a las personas o los resultados para sentirse seguro. Le cuesta confiar en el fluir de la vida, en aquello que él no maneja.
6. **Inseguro.** Te susurra que no eres suficiente, que no te has ganado tus logros y que, en cualquier momento, los demás descubrirán que no mereces estar donde estás. Aparece cuando alcanzas algo importante o recibes reconocimiento, sembrando dudas y desconfianza en ti. Su voz alimenta el autosabotaje y te roba la calma que acompaña al mérito genuino.
7. **Rebelde.** Se resiste a toda norma o autoridad como forma de proteger su autonomía, incluso cuando no le beneficia.
8. **Complaciente.** Prioriza siempre el bienestar y la aprobación de los demás, olvidándose de sí mismo. Tiene miedo a perder el amor o a que lo rechacen si se muestra tal y como es.
9. **Temor catastrofista.** Imagina siempre los peores escenarios posibles. Pretende anticipar el dolor, pero en realidad genera más ansiedad y parálisis.
10. **Orgulloso defensivo.** Se niega a reconocer los errores o las vulnerabilidades para proteger su imagen a toda costa. Su energía se centra en mantener una apariencia de control y seguridad, aunque por dentro tema el juicio o la sensación

de debilidad. Confunde la verdadera fortaleza —que nace de la honestidad y la apertura— con la rigidez de quien no puede permitirse fallar.

11. **Victimista.** Se identifica con la posición de víctima, cede su poder personal y responsabiliza a los demás o al destino de su malestar. Encuentra en el sufrimiento una identidad conocida. Vive atrapado en su propio drama.

12. **Perseguidor.** Critica, acusa o culpa a los demás para reafirmar su superioridad o su necesidad de control. Actúa desde el juicio y la dureza, ocultando sus miedos más profundos. Es el creador de continuos conflictos.

13. **Envidioso.** Siempre se compara y siente malestar o resentimiento ante el éxito o la felicidad ajenos. Detrás de esta voz suele haber un dolor no reconocido por los propios deseos no cumplidos, una autoestima dañada.

Los personajes guía

Así como en tu interior existen voces que reflejan antiguos miedos, estrategias de defensa o automatismos de supervivencia, también habitan en ti voces más luminosas que no nacen del miedo ni de la carencia, sino de tu sabiduría profunda, de tu capacidad de amar, de tu potencial de sanación. Son los personajes guía que encarnan lo mejor de ti: fuerza serena, compasión, claridad, equilibrio. Surgen del núcleo más auténtico de tu ser, de ese espacio interno que siempre ha sabido cuidar, sostener y guiar la dirección de tu vida. Estas voces no gritan, no exigen. Se perciben más como un susurro que como una orden. Están ahí, cerca de tu centro, esperando que abras el espacio necesario para escucharlas. Porque, cuando te conectas con ese núcleo esencial —ese lugar que sabe cuidarte, sostenerte y guiarte con amor—, todo cambia. Ya no reaccionas desde el vacío, sino que eliges desde la presencia. Ya no repites por inercia, sino que creas nuevos ajustes. Ya no huyes, sino que habitas. Las voces guía representan tu capacidad innata de sanar, crecer y elegir desde la consciencia, no desde la herida. Son expresiones de tu sabiduría más profunda, de tu amor propio, de tu claridad interior. Son las voces que no niegan tu historia, sino que te ayudan a transformarla. No vienen a reprimir al ego, sino a sostenerlo, integrarlo y abrirlo a nuevas formas de respuesta. Son semillas de transformación. Son potenciales que, cuando los reconoces y los cultivas, comienzan a florecer. Te invito a recorrer este mapa de recursos internos, a reencontrarte con esas partes de ti que no necesitan perfección, solo tu atención e intención para desplegarse. Porque dentro de ti ya habita todo lo que necesitas para crecer, sanar y vivir con más verdad. Solo necesitas recordarlo, atenderlo y elegir con cuál caminar.

1. **Observador sabio.** Es capaz de mirar lo que ocurre sin juicio, con ecuanimidad y claridad. Trae perspectiva y comprensión profunda a tu vida.

2. **Cuidador amoroso.** Se ocupa de ti con ternura, reconoce tus necesidades y sabe cuándo ofrecerte descanso, consuelo o aliento.

3. **Coraje interior.** Te impulsa atravesar el miedo y a confiar en tu capacidad de adaptarte y crecer, incluso en la incertidumbre.

4. **Niño lúcido.** Representa la inocencia, la curiosidad y la alegría espontánea de vivir sin las máscaras del deber o la comparación.

5. **Paciente testigo.** Sabe esperar sin angustia, acompañar los procesos internos sin apresurarlos ni forzarlos. Confía en el ritmo natural de la vida.

6. **Compasión activa.** Acoge tus heridas y las de los demás con presencia amorosa, sin hacer que te pierdas en la culpa ni en el sacrificio, sino con una intención genuina de aliviar el sufrimiento. Reconoce que sanar también es acompañar con ternura lo que duele.
7. **Maestro.** Recuerda tus aprendizajes y te guía hacia decisiones que honran tu evolución. Habla desde la experiencia, no desde la exigencia.
8. **Artista creador.** Inspira tu capacidad de imaginar, crear, reinventarte y dar una forma nueva a tu vida desde la autenticidad.
9. **Voz de la gratitud.** Centra tu mirada en el valor de lo que ya tienes. Es apreciativo, y te conecta con la abundancia presente, más allá de las carencias.
10. **Guerrero de luz.** Defiende tus límites sanos, honra tu dignidad y protege tu crecimiento interior con firmeza serena.
11. **Sabio.** Conecta con tu intuición profunda, esa voz silenciosa que sabe lo que es esencial sin necesidad de razonarlo. Te guía hacia decisiones que están alineadas con tu propósito y bienestar real.
12. **Voz del perdón.** Facilita la liberación del rencor hacia ti y hacia los demás. Te ayuda a soltar cargas antiguas para caminar más ligero, en paz contigo y con tu historia.
13. **Visionario compasivo.** Te recuerda que puedes soñar, imaginar nuevas posibilidades y visualizar un futuro más auténtico y expansivo sin perder la raíz del corazón. Inspira creatividad, esperanza y propósito.

En este camino que estamos recorriendo juntos, la sabiduría, la calma mental y el amor son las llaves que te acercan a tu verdad, el puente que une tu historia con tu potencial. Cuando entrenas tu mente en ellos, cultivas la libertad de elegir el camino alineado con tu ser. Una mente clara y espaciosa no pretende controlar, sino que observa, discierne, confía. Y desde esa lucidez comprende, elige y cuida de las necesidades emergentes para conectarlas con los recursos más ajustados y coherentes con tus valores, con tu poder interior de crecimiento y potencialidad.

¿Cuál es la voz que quieres que guíe tu próximo paso?

MAPA DE VOCES INTERNAS

DE LAS VOCES LIMITANTES A LAS VOCES COMPASIVAS

PERSONAJES DEL EGO	PERSONAJES GUÍA
CRÍTICO INTERIOR	OBSERVADOR SABIO
PERFECCIONISTA	CUIDADOR AMOROSO
SALVADOR	CORAJE INTERIOR
NIÑO HERIDO	NIÑO LÚCIDO
CONTROLADOR	PACIENTE TESTIGO
INSEGURO	COMPASIÓN ACTIVA
REBELDE	MAESTRO
COMPLACIENTE	ARTISTA CREADOR
TEMOR CATASTROFISTA	VOZ DE LA GRATITUD
ORGULLOSO DEFENSIVO	GUERRERO DE LUZ
VICTIMISTA	SABIO
PERSEGUIDOR	VOZ DEL PERDÓN
ENVIDIOSO	VISIONARIO COMPASIVO

PUEDO ELEGIR CADA DÍA QUÉ VOZ ALIMENTAR:
LA QUE ME LIMITA O LA QUE ME LIBERA

Diario de los personajes internos

En esta práctica te propongo un entrenamiento para identificar qué personaje interno se activa en distintas situaciones cotidianas, observar su discurso sin juzgarlo y elegir conscientemente una voz guía para responder de manera más sabia y libre.

Al final del día, tómate unos minutos para reflexionar y escribir:

1. **Describe con brevedad una situación en la que hayas sentido una reacción emocional intensa o automática.** Observa las emociones que se te han despertado.

   Ejemplo: «Me he molestado cuando en la reunión han interrumpido mis ideas. He sentido frustración, inseguridad, crítica».

2. **¿Qué personaje del ego crees que se ha activado y ha podido estar actuando para que te sintieras así?** *Por ejemplo:* Crítico interior, Controlador, Victimista, Perfeccionista...

   Nómbralo con amabilidad, reconoce cuál se ha activado. Al principio puede ayudarte llamar a tus personajes de forma cariñosa. No queremos rechazarlos, sino conocerlos y aprender a vivir con ellos sin que nos dirijan.

   Ejemplo: «Mi Crítico interior».

3. **¿Qué discurso interno ha predominado?** Sin juzgarte, escribe algunas frases o pensamientos que hayan pasado por tu mente.

   Ejemplo: «No valoran mi aportación. Siempre tengo que demostrar que sé más para que me respeten».

4. **Identifica hacia qué conductas te ha guiado: ¿cómo has actuado o reaccionado ante esa situación?** Descríbelo sin juicio. Solo es una observación compasiva para acompañarte a comprender y guiarte en el desarrollo de respuestas más sabias que te generen menos sufrimiento.

   Ejemplos: «Me he puesto a hablar a voces y he interrumpido a los demás para hacer valer mi punto de vista», «Me he quedado callado y me he sentido tan frustrado que he terminado enfadado con mi compañero», «Me he sentido tan herido que he pensado que el proyecto presentado —que me llevó tanto esfuerzo— no era lo bastante bueno, que no merezco el puesto que tengo ni la confianza que han depositado en mí».

5. **Ahora elige un personaje guía.** ¿Qué voz sabia podría haberte acompañado en ese momento? Reflexiona desde la calma sobre qué respuesta

más sabia, flexible o compasiva te hubiese gustado escuchar en tu interior. Imagínate invitando a esa voz interna a acompañarte en ese instante. Deja que te inspire una respuesta más consciente y alineada con tu bienestar.

Ejemplos: «Me hubiera gustado que me hubiese acompañado el Maestro para rebatir sus comentarios desde mi experiencia y aprendizajes, no desde el miedo o la exigencia que he sentido», «Me hubiera gustado que me hubiese acompañado el Artista creador para seguir visualizando una versión de mi proyecto más innovadora que incluyera las opciones que han surgido en la reunión, y no sentirme limitado e inseguro por la crítica».

6. **Reflexiona sobre el personaje que has elegido como guía.** Desarrolla las voces y los discursos internos que te hablen con amabilidad en vez de criticarte, que te ayuden a marcar un límite desde la calma, no desde la rabia, o bien a confiar en el proceso en vez de intentar controlarlo todo.

   Ejemplo: Si has elegido al Maestro o al Sabio como guía en un conflicto, la reflexión podría ser: «Sé que marcaré mejores límites cuando nazcan del discernimiento, no de la reactividad. Necesito evaluar la situación con calma para comprender qué elijo y por qué. La próxima vez me sostendré en mi confianza: cuento con recursos internos que he ido desarrollando a través de mis experiencias».

7. **Descubre la necesidad interna que te conecta a este personaje.** Fortalece tu compromiso al elegirlo conscientemente la próxima vez. Estas elecciones impulsarán tu crecimiento potencial desde la sabiduría, la serenidad y la autocompasión.

   Ejemplo: «Necesito confiar más en mí y conectar con mi autoestima de forma saludable. No quiero sentir el síndrome del impostor cada vez que presento un proyecto importante. Quiero aprender a escuchar y dejarme guiar por el Maestro, el Artista y el Sabio para valorar mi experiencia y conectarme con mi sabiduría profunda».

8. **Realiza un mantra de integración.** Cierra el ejercicio repitiendo una afirmación que refuerce tu compromiso de cambio. Créala añadiendo el personaje guía que deseas traer a tu presente para entrenarlo cada día.

   Ejemplos: «Hoy elijo hablar desde mi Maestro; quiero conectar con mi experiencia y aprender a validarla», «Hoy elijo hablar desde el Sabio; quiero que me guíe para tomar decisiones alineadas con mis valores y virtudes», «Hoy elijo hablar desde el Guerrero de luz; quiero marcar límites firmes y sanos para aprender a cuidarme».

TRIÁNGULO DE PODER

DEL PERSONAJE AUTOMÁTICO AL YO CONSCIENTE

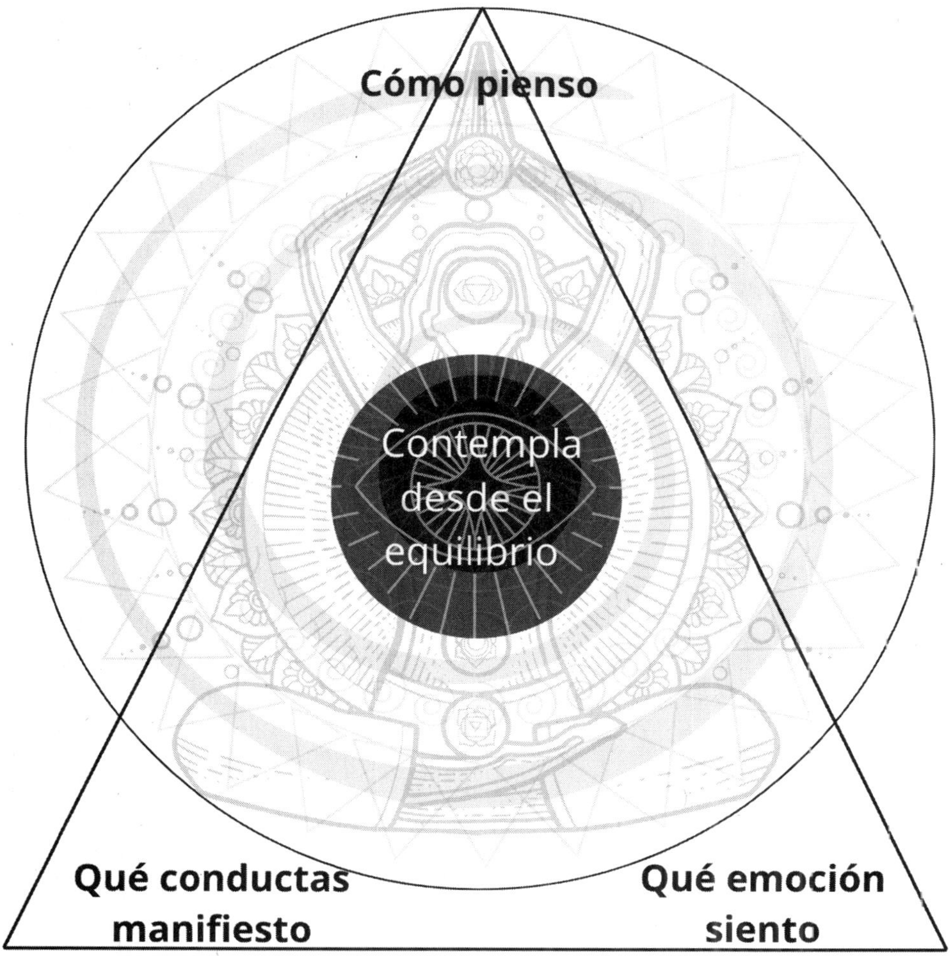

NO SE TRATA DE RECHAZAR LO QUE FUI, SINO DE ELEGIR CON AMOR QUIÉN DECIDO SER AHORA

Triángulo de poder

Como has podido experimentar en el ejercicio anterior, cuando se activa una herida del pasado —aunque sea de forma sutil o subjetiva—, mente y cuerpo responden de forma automática. Los pensamientos, las emociones y las sensaciones se aceleran, intentan protegerte de lo que perciben como una amenaza. Pero esa reacción, lejos de calmarte, muchas veces intensifica tu malestar, agudiza tu tensión interna y profundiza en la herida que, en realidad, solo busca ser vista, comprendida y sanada. Por eso una respiración profunda, consciente y amable puede convertirse en tu primer refugio. Esa pausa serena interrumpe el automatismo y te permite volver a ti, a ese centro que sabe sostener sin huir, observar sin juzgar y responder sin lastimar. Desde ese estado de regulación, puedes mirar lo que sucede con más claridad y ecuanimidad. Detienes la sobreactivación y puedes reconocer qué parte de ti se ha sentido amenazada, cuál ha sido el detonante emocional y qué necesidad legítima pide ser atendida. Y entonces surge una nueva posibilidad: en vez de reaccionar desde el personaje herido, puedes responder desde tu parte más sabia y amorosa, sostener lo que duele con ternura, nombrar lo que se mueve dentro de ti sin agravar la historia, abrir un espacio interno donde el malestar pueda transformarse con consciencia. Porque lo que calma no es negar el dolor, sino darte permiso de sentirlo sin quedarte atrapado en él.

La mayoría de las veces lo que necesitamos no es resolver el problema rápidamente, sino detener las narrativas internas que alimentan el sufrimiento. Recuperar la perspectiva y salir de la fusión cognitiva, del relato reactivo, y elegir, con más libertad, una respuesta que no agrave, que no encierre, que no repita el ciclo. Y eso requiere presencia. Atención consciente. La voluntad de no abandonarte a la inercia de lo aprendido, sino de conectar con lo que hoy sabes, con la consciencia que estás cultivando. Así que detente. Respira. Restablece el equilibrio interior y escucha esa voz más sabia y consciente que vive en ti. Confía en ella. Desde ahí podrás construir respuestas —internas y externas— más coherentes, más compasivas, más fieles a quien eres hoy. Recuerda que tu atención despierta es el faro que te guía hacia una vida más plena, con sentido y virtud. Te permite observar con claridad tus sesgos, reconocer los patrones condicionados que aún gobiernan algunas de tus respuestas y abrir ese espacio interno en el que puedes elegir algo distinto.

Cada personaje del ego sostiene una forma particular de interpretar el mundo. De ahí nacen pensamientos teñidos por creencias, recuerdos y filtros aprendidos. Cada una de estas ideas, al entrelazarse con una emoción, despierta una conducta o respuesta que, a su vez, refuerza el ciclo de pensamientos y emociones. De este modo, mente, emoción y acción —tanto lo que dices como lo que callas— forman un triángulo de poder que moldea profundamente la relación contigo y con el mundo que habitas. Cuando no hay consciencia, la inercia te conduce a repetir viejos patrones aprendidos. Cuando hay presencia, tu poder en el triángulo se amplifica, pudiendo transformarlo en una elección libre y alineada con tu bienestar. Este polígono puede ser un reflejo de tu pasado o un puente hacia tu evolución. Por ejemplo, ante una crítica, quizá se active un patrón condicionado que interpreta de inmediato: «Me están menospreciando, nunca valoran lo que hago». Este pensamiento, cargado de un dolor antiguo, despierta emociones intensas como tristeza, frustración o desilusión. Y, sin darte cuenta, puedes retroalimentar el triángulo al agrandar la crítica más de lo que es y actuar de tal manera que bloquees tu crecimiento. Quizá abandones el proyecto, lo acabes con menos interés o llegues a creer que no te valoran porque no eres bueno en la materia. En este caso, los personajes del Crítico interior y el Niño herido toman el control.

Por eso el primer paso es detenerte. Respira. Necesitas perspectiva, regulación y equilibrio para evaluar y contemplar la situación desde una nueva forma de pensar más satisfactoria, sabia y virtuosa. Observa con calma y ecuanimidad qué herida se ha encendido. Tal vez de niño no te sentías reconocido por tu esfuerzo. Quizá siempre te comparaban, te juzgaban por tus decisiones o aprendiste que «nunca era suficiente». Ese dolor no atendido es el que hoy vuelve a llamar a tu puerta disfrazado de reacción automática. Puede que ya estés listo para llamar a tu Maestro y a tu Compasión activa.

Atendernos desde el cuidado es abrazar nuestras partes heridas con presencia, sin juicio. Cuando algo se repita en tu vida, no te castigues, no acrecientes el malestar. Haz una pausa consciente. Siéntate contigo mismo, con tu parte más vulnerable, como quien lo hace junto a un ser querido que necesita consuelo. Hoy, desde tu madurez, puedes ofrecerle a este personaje, a estas voces, a esta parte de ti, lo que antes no tuvieron: una mirada amorosa, una voz que no juzga, una promesa de compañía. Puedes decirte con ternura: «Estoy aquí para ti. Me haré cargo. Ya no estás solo. Hoy sé cómo hacerlo mejor. Merezco seguir mi camino desde la valía y el amor». Ofrecerte ese espacio de cuidado interior es romper las cadenas que antes te limitaban. Es transformar tu historia no desde la lucha contra ti ni contra el mundo, sino desde la suavidad de tu amor y la fuerza de tu consciencia, desde el compromiso profundo de sostener tu proceso con presencia, con compasión, sin culpa ni resistencia. No alimentes el sufrimiento, cultiva una mente que sepa calmarlo, acompañarlo, aliviarlo con amor. No busques culpables. No prolongues el resentimiento. Sostén, en cambio, la fuerza de la comprensión, la dignidad de tu humanidad compartida y la certeza de que en ti hay recursos suficientes para abrir el corazón y permitir que se dé la sanación. Necesitas una mente clara y lúcida que te acompañe a discernir. Porque siempre estamos a un paso de convertirnos en nuestro mejor aliado o en nuestro peor enemigo. Siéntate a tu lado, respira y, junto a la luz de la regulación, llama a tu guía interior. Haz que una nueva fuerza más sabia y luminosa gobierne dentro de ti.

La responsabilidad del cambio: el acto más profundo de libertad

Cada uno de nosotros vamos tejiendo, a lo largo de toda nuestra historia, multitud de experiencias ligadas a recuerdos, aprendizajes, éxitos y heridas, vivencias tejidas junto a voces internas e interpretaciones que las sostienen como un eco del pasado, emociones que se despiertan una y otra vez para señalar un camino que ha quedado abierto. Muchas veces las situaciones no elaboradas o inconclusas siguen pidiendo ayuda. Despiertan y aparecen cada dos por tres en tu vida para indicarte que necesitan ser cerradas, que tienes que aprender algo para concluir ese capítulo y respirar en el alivio de su paz. No somos prisioneros de un destino, sino responsables de atender nuestro presente para sembrar cada día causas y condiciones que faciliten el futuro. Y para ello no necesitas controlar el entorno ni mantener expectativas rígidas sobre lo que «debería ofrecerte la vida» o «lo que mereces que te pase» (como hemos visto, estos mecanismos son una de las causas del sufrimiento). Necesitas atender con plenitud a tu manera de contemplar y responder en tu vida. Cada día, a cada instante, tienes una nueva oportunidad de hacer algo distinto, la opción de elegir una nueva respuesta, pero te necesitas despierto. Porque esperar que todo esté bien para sentirte en calma y satisfecho es condicionar tu bienestar a un mundo que nunca será tal como lo imaginas. La mejor respuesta para vivir en plenitud no es la evasión ni el control. Es la responsabilidad. Y no como peso o culpa, sino como lo que realmente es: un gran poder.

La responsabilidad es la habilidad de responder de manera consciente y sabia ante la vida. Es iluminar la sombra para no quedarte atrapado en su confusión y observar de forma lúcida qué acción te llevará, a corto y largo plazo, a un destino mejor. La mente es un flujo constante de pensamientos, juicios y opiniones, muchos de ellos repetidos de manera automática, fruto de la inercia de historias y heridas pasadas. Nos hablamos sin filtro, sin cuidado, como si las palabras que nos dirigimos no importaran. Sin embargo, cada pensamiento genera una reacción emocional consciente o inconsciente que moldea nuestro estado interno y nuestras acciones. Cada pensamiento cuenta, cada cuidado también. Te invito a no alimentar más discursos críticos, tóxicos o limitantes. No les des tanto poder para que guíen tu mente hacia caminos sombríos. Elige dónde depositar tu atención, decide dirigir tu mente como un foco consciente, claro y sabio que te acompañe de forma amable y compasiva en tu relación con la vida. Instante a instante, construye una interacción presente y serena que te sostenga en la dirección deseada.

La responsabilidad de entrenar la mente es la oportunidad de sanar heridas, suavizar la rigidez del ego y crear un mayor espacio y flexibilidad. La práctica de la meditación y del autoconocimiento facilita este camino: nos enseña a observar los pensamientos sin fusionarnos con ellos, a elegir respuestas más funcionales y saludables, y a construir un lugar seguro en nuestro interior. Es un camino en el que cultivamos, cada día, una presencia amable llena de virtud y sabiduría, un entrenamiento diario para restaurar el equilibrio y desvelar la claridad interior. No podemos ser nuestros propios enemigos. No podemos llenar la mente de pasadizos oscuros y esperar encontrar luz. Día a día, con lo que somos y tenemos hoy, damos un paso más: un aprendizaje, una experiencia sanadora, una acción consciente que nos acerca a una versión más auténtica y libre de nosotros mismos.

Pero muchas veces sufrimos no porque el cambio sea imposible, sino porque evitamos asumir la responsabilidad de nuestra transformación. Conocer nuestros sesgos, miedos y detonantes nos da la posibilidad de desactivar el piloto automático. Nos regala la oportunidad de responder a la vida con mayor claridad y libertad. La libertad de romper con los condicionamientos internos que nos encadenan a patrones de respuesta que ya no son funcionales. Ser libre es asumir la responsabilidad de elegir, de actuar, de caminar en la dirección que nutre nuestra vida de virtud y de asumir las consecuencias de las decisiones que tomemos. Y esto no será fácil: requiere constancia y disciplina, y quizá tampoco nos ofrezca el resultado que imaginábamos. Pero tendremos la certeza de haber actuado de forma coherente con nuestro propósito, de haber sembrado las mejores semillas con lo que teníamos en ese momento. No podemos controlar el mundo, pero sí hacer algo virtuoso en él.

Recuerda que no puedes evitar tomar decisiones ni impedir sus efectos. Cada día, consciente o inconscientemente, lo haces cientos de veces. No existe la «no respuesta», todo tiene consecuencias. Si no asumes esta responsabilidad, la inercia de los viejos patrones elegirán por ti, y pensarás que es tu destino.

También es importante que le recuerdes a tu vulnerabilidad que está bien pedir apoyo, que es muy humano y natural. Hay travesías internas que resultan demasiado confusas, sombrías y dolorosas. Sostenerte en el abrazo de la humanidad compartida, en un espacio de psicoterapia o en entornos donde te sientas acompañado durante el proceso es una forma sabia de disolver la oscuridad. Nos necesitamos. Elige espacios en los que caminar acompañado cuando lo necesites, en los que tu vulnerabilidad no necesite que la enmascares o la ocultes, en los que sientas que puedes mostrarte tal como eres y necesitas porque serás cuidado, sostenido y respetado. A veces, cuando no sabemos en qué dirección ir, una voz sabia y compasiva puede acompañarnos a observar y comprender mejor. Permitir que otros te acompañen es un acto profundo de amor propio. Te recuerda que no estás solo en tu viaje hacia una vida más plena. Regresar a lo esencial es regresar a la humanidad compartida.

Diario de transformación consciente

Para poner en práctica esta transformación interna, te invito a realizar un entrenamiento de autoobservación que te ayudará a salir del piloto automático y comenzar a transformar tus reacciones de raíz. Durante el día de hoy —o en cualquier jornada significativa—, mantente presente y atento a los momentos en que surjan reacciones automáticas: una emoción intensa, un gesto impulsivo, una respuesta automática o desproporcionada. No te juzgues. Solo obsérvate, como un testigo amable que comienza a descubrir los mapas internos que condicionan su forma de sentir, actuar y responder al mundo. Este ejercicio es un puente entre la consciencia y el cambio.

Te ofrezco, a continuación, algunos puntos clave para registrar en tu práctica:

1. **Momento de activación.** Describe brevemente qué ha sucedido.

   Ejemplo: «Me he enfadado cuando mi compañero no ha respondido como yo esperaba».

2. **Narrativa interna: pensamientos automáticos.** Haz una pausa consciente y respira. Luego pregúntate:
   - «¿Qué pensamientos han aparecido de forma automática?».
   - «¿Qué historia interna se ha activado en mí?».

   Ejemplo: pensamiento automático: «No me valoran». La historia que has tejido: «Siempre tengo que ocuparme de todo».

3. **Emociones presentes.** Identifica y nombra con claridad la emoción o las emociones predominantes que han aparecido. A veces son una mezcla. Elige las que sientas más intensas.

   Ejemplos: frustración, tristeza, enfado, decepción...

4. **Respuesta o reacción conductual.** Observa con amabilidad cómo has respondido en ese momento: ¿qué has hecho o has dejado de hacer?, ¿te has quedado en silencio, has reaccionado, has evitado algo, te has cerrado...?

   Ejemplo: «He guardado silencio, pero me he sentido mal el resto del día».

5. **Reflexión consciente.** Con la perspectiva que tienes ahora, pregúntate con honestidad y sin juicio:
   - «¿Qué interpretación alternativa podría haber sido más útil o amable para mí?».
   - «¿Cómo habría respondido si hubiese actuado desde un estado más consciente y centrado?».

   Ejemplo: «Podría haber recordado que todos tenemos días difíciles. No necesito ocuparme de lo que no me corresponde».

Este paso te invita a transformar la reacción en comprensión, a reconocer que hay otras formas de mirar y que asumir la responsabilidad de detenerte y elegir de manera consciente te ofrece más claridad y empoderamiento.

6. **Nueva narrativa.** Desde la calma del presente, reformula la historia interna que se ha activado. Escríbela con amabilidad, sin exigencias, como quien reescribe un guion desde su sabiduría interior. Pregúntate:
   - «¿Qué nueva respuesta más compasiva puedo ofrecerme?».

   Ejemplo: «Mi valor no depende de las reacciones de los demás. Hoy elijo priorizar mi equilibrio, mi claridad y mi paz interior».

   Cambiar la narrativa no es negar lo que ocurrió ni caer en un engaño complaciente hacia el ego, sino elegir que vas a interpretarlo desde un lugar que te cuide mejor.

7. **Intención o mantra diario.** Elige una frase breve que resuma lo que quieres integrar y que te sirva como brújula interna para el día siguiente o para cualquier momento de desajuste emocional. Ha de ser una afirmación clara, simple y significativa que refuerce el compromiso contigo.

   Ejemplos:
   - «Hoy elijo responder desde la calma y la sabiduría, no desde la reacción».
   - «Soy libre de las historias que me limitan y ya no me sostienen».
   - «Abrazo cada parte de mí con compasión. En la aceptación encuentro mi verdadera libertad».

Antes de concluir tu diario, tómate un instante para cerrar los ojos, conectar con tu respiración y visualizar el día de mañana desde una mirada nueva. Siembra dentro de ti una intención de presencia, serenidad y amor. Durante unos minutos, repite en silencio el mantra que hayas elegido para este entrenamiento. Permite que sus palabras se conviertan en una semilla de claridad y compromiso, un ancla suave que te recuerde que puedes habitar tu mundo interno con más libertad y consciencia. Recuerda que no estás aquí para cambiarte, sino para conocerte mejor, para mirar tus sombras sin miedo, comprender tus patrones con compasión y reconocer tu luz con humildad. Cada momento de atención es un acto de transformación. Cada palabra que escribes, una afirmación de cuidado. Haz de este diario un refugio íntimo en el que puedas descansar en tu verdad, celebrar tu avance y sostenerte con coherencia y amor. Mereces ser acompañado con ternura.

CONSCIENCIA ACTIVA

DIARIO DE TRANSFORMACIÓN CONSCIENTE

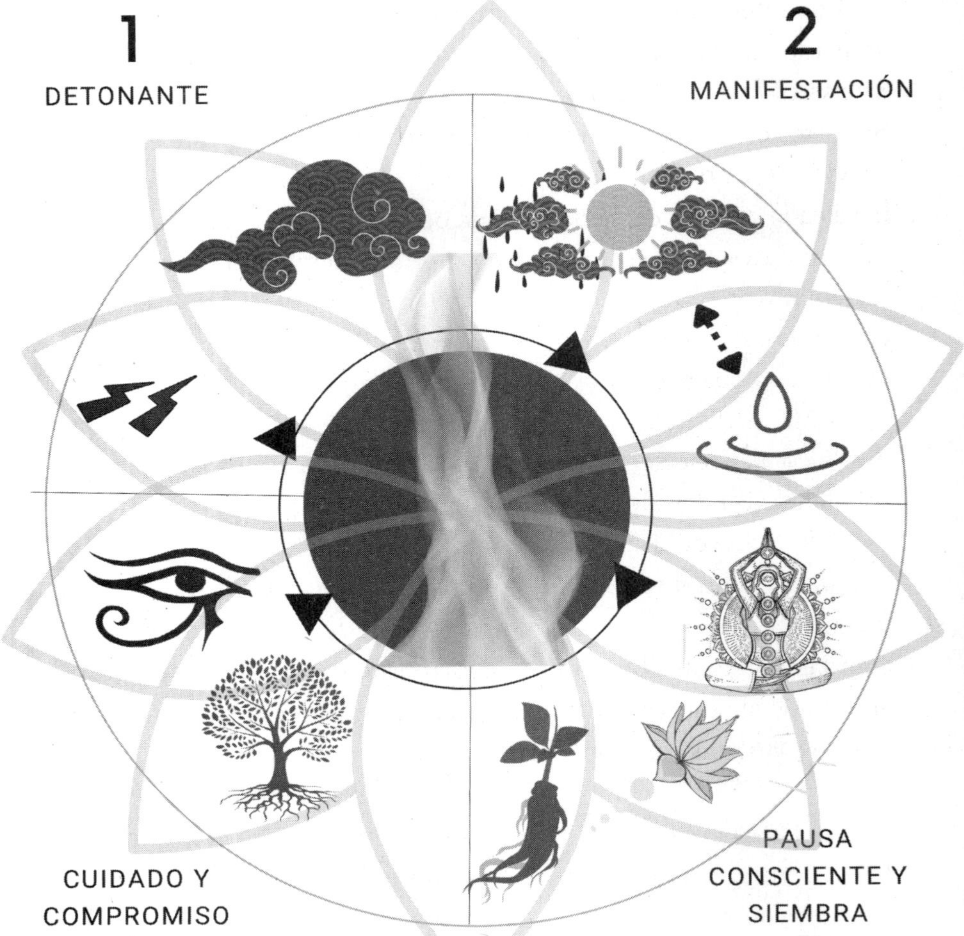

HOY ELIJO HABITARME CON PRESENCIA, OBSERVARME CON COMPASIÓN Y RESPONDER DESDE MI SABIDURÍA

Mandala de fuego: consciencia activa

Después de abrirte al registro consciente de tu experiencia y sembrar tus intenciones con presencia, quiero compartir contigo un recurso que puede acompañarte de forma clara y poderosa: un mandala de integración emocional que actúa como un mapa visual, un activador de la consciencia que sintetiza el recorrido interno que inicias cada vez que eliges detenerte y observarte con amabilidad. Su forma circular representa la naturaleza continua de este proceso: un viaje que no tiene punto final, sino que forma una espiral que te lleva cada vez más cerca de ti. Cada pétalo simboliza un paso del camino interior, desde el instante en el que una emoción se activa hasta el momento en que eliges transformar tu narrativa con consciencia y amor. Este ejercicio no es solo una reflexión, sino una práctica de autoescucha profunda, una contemplación en la que, al leer cada pregunta, te detienes y permites que la respuesta emerja de dentro, desde ese espacio seguro que habita en ti donde no existe el juicio, solo la posibilidad de evolución.

A lo largo del día, cuando aparezca una reacción automática —una emoción intensa, un pensamiento recurrente o un impulso inconsciente—, acoge ese momento como una puerta de entrada al mandala. Detente. Respira. Y recorre este mapa desde tu centro, guiado por la fuerza de tu presencia. Sigue el fuego que transmuta viejas respuestas e inicia tu proceso interior:

1. **Detonante.** Detente un momento y reconoce el instante en que algo dentro de ti se encendió. ¿Qué lo provocó? ¿Qué palabra, gesto, situación o pensamiento fue el detonante? Identificar esa chispa es el primer paso para comprender tu reacción antes de que se convierta en fuego.

2. **Manifestación.** Identifica los pensamientos, emociones y acciones que han surgido como respuesta, y nota cómo se han

expresado en tu cuerpo y en tu mente. ¿Qué sientes físicamente? ¿Qué historias o juicios aparecen en tu pensamiento? Todo ello es la manifestación de esa chispa inicial.

3. **Pausa consciente y siembra.** Detente y observa con ecuanimidad. Contempla otras opciones más conscientes que podrías haber elegido. ¿Qué respuesta habría estado más alineada con tu sabiduría?

4. **Cuidado y compromiso.** Nutre la respuesta que te transforma. Reflexiona sobre la importancia que tiene esta nueva respuesta en tu desarrollo y sobre la necesidad de ser disciplinado para conseguirlo. ¿Qué hábitos internos necesitas fortalecer para mantener esa dirección con constancia y propósito?

Meditación: el fuego de la transformación

La práctica que te ofrezco a continuación te invita a detenerte frente al mandala y regresar a ese centro profundo y cálido que te habita. Es una pausa sagrada para contemplar tu capacidad innata de transformar la reactividad en presencia, la dureza en compasión, la repetición automática en consciencia viva. En el corazón del mandala arde un fuego. No uno que consume sino uno que ilumina. Ese fuego representa tu poder interior: la fuerza silenciosa que te permite soltar lo que ya no necesitas, elegir nuevas formas de estar contigo y alumbrar —desde dentro— el camino que de verdad quieres recorrer. Tómate este instante como un acto de cuidado profundo, un ritual íntimo de reconexión. No necesitas hacer nada más que estar, respirar, permitir. Permitir que la llama de tu sabiduría interna comience a arder con claridad, con dirección, con tu verdad íntima y profunda desvelada por tus voces guía, no por las voces sombrías del ego. Te invito a una práctica sencilla y poderosa para acompañar tu camino de transformación interior.

Adopta una postura cómoda y cierra los ojos con suavidad.

Lleva tu atención a la respiración.

Inhala profundamente…

Exhala con lentitud.

Permite que, con cada exhalación, tu cuerpo se afloje y tu mente se aquiete, como una llama que empieza a volverse clara y estable.

Ahora lleva tu atención al centro del pecho. Allí imagina un fuego suave, una esfera sagrada de luz. No quema, transforma. Es un fuego cálido, luminoso, vivo. Un fuego sagrado que representa tu capacidad de evolucionar.

Cada vez que inhalas, ese fuego recibe aire, presencia, intención.

Cada vez que exhalas lo ves crecer en claridad y fuerza.

No arde con furia, sino con sabiduría.

Imagina que el fuego consume poco a poco las reacciones automáticas, los juicios, los miedos aprendidos, las viejas inercias... Observa cómo se disuelven en él. Es un fuego que transmuta, que transforma. Visualiza que, poco a poco, la luz sigue expandiéndose desde esa esfera sagrada hacia todo tu cuerpo Se expande limpiando y haciendo crecer la luz de la claridad, la comprensión y la sabiduría.

Permanece unos instantes sintiendo su luz y serenidad dentro de ti. Este es tu fuego interior, la llama que te recuerda tu poder de elegir, de iluminar lo oscuro con claridad, de transformar lo vivido en consciencia.

Recuerda que la transformación llega firme y silenciosa. Es un fuego que alumbra el camino de regreso a tu esencia. No se produce en los grandes gestos. Sucede aquí y ahora, en cada respiración consciente, en cada elección amable que haces contigo. El fuego sagrado de la consciencia puede purificar el mensaje oculto que hay detrás de cada reacción automática, destilar su esencia más virtuosa y revelarte una dirección más sabia para tu camino.

Repite mentalmente, como un mantra: «Elijo iluminar mi historia con la claridad de una presencia despierta. Cada respiración me ancla en el momento que da forma a la vida que deseo habitar».

Permanece un momento en silencio, sosteniendo esta imagen viva. Cuando estés listo, lleva tus manos al corazón.

Agradece este instante.

Agradece tu fuego.

Agradece el coraje de volver a ti.

Sanación de personajes internos: de la herida a la virtud

A veces la rigidez del ego manifiesta inercias antiguas que ya no se corresponden con lo que deseas cultivar en tu camino. Bloquea el contacto sano y funcional con el presente y te aísla dentro de interpretaciones llenas de sesgos, distorsiones y viejos relatos que reviven emociones intensas. Pero ahora ya sabes que eres mucho más que esas voces, que eres quien eliges qué hacer con ellas. Puedes detenerte, respirar profundamente, volver a tu centro, a tu lugar seguro y, desde el equilibrio de la regulación interna, transformarlas. No necesitas más luchas internas, sino cultivar un espacio virtuoso en tu mente, sembrar cualidades que te permitan crecer y desarrollarte en tu potencial, junto a tus recursos internos. Solo tienes que recordar que puedes salir de la fuerza gravitatoria del egocentrismo, de sus automatismos, de la inercia de sus guiones repetidos, y regresar a tu centro. Ahí, en ese espacio más sereno y lúcido, puedes atender, comprender, integrar y transformar tus dinámicas internas. Ahí también te esperan otras voces —más sabias, más maduras, más libres— que te ayudarán a relacionarte de forma más consciente y coherente con quien eres hoy. No se trata de forzar ningún cambio. Se trata de detenerte, de recordar, de volver a ti.

Elige ser el autor, no el espectador de tu experiencia. Comprende, acoge y acompaña tu evolución desde la consciencia, desde tu presente, desde tu sabiduría. No dejes que las viejas inercias te guíen. No confundas tu máscara con tu esencia. No eres tu personaje ni la historia que te pasó. Eres lo que eliges hacer con todo ello. Desde la elección consciente, siempre puedes volver a empezar. Con más verdad. Con más libertad. Con más presencia.

A continuación te ofrezco una guía de transformación de personajes, desde la herida hasta la virtud, desde el ego hasta la consciencia amplia, lúcida y sabia. En ella exploraremos cómo cada uno de ellos se relaciona con un poder personal, cómo atraviesa el sufrimiento, cuál es su forma de comunicarse y cómo puede transformarse cuando es sostenido desde el centro de tu verdad. Este trabajo no busca eliminar ninguna parte de ti, sino integrarlas todas. Tu sombra no es un error, es el punto de partida hacia tu sabiduría más luminosa. No se trata de alcanzar una perfección imposible, sino de habitar tu vida con mayor consciencia y evolucionar desde el amor a una vida plena. Explorar estos arquetipos es comenzar a habitarte con más lucidez. Es aprender a transformar tu sufrimiento en sabiduría y tu automatismo en elección. Es recordarte que puedes elegir, en cada momento, desde qué parte de ti deseas vivir. Porque en tu interior siempre hay una voz guía disponible. Solo necesita tu atención para despertar.

Después de la guía encontrarás una tabla con afirmaciones que pueden acompañarte como mantras en este viaje de transformación. Te recordarán que, en tu interior, tienes sabiduría suficiente para sanar tus heridas. Es una invitación a activar el fuego que transforma tus límites en posibilidades, puentes que abren una nueva dirección más integrada. Escúchalas con amor. Deja que permeen en ti, desde dentro hacia todo tu ser.

1. Crítico interior → Observador sabio

El Crítico interior y su relación con el sufrimiento: este personaje surge con la intención de protegerte del error o el rechazo, pero su método suele herir más que ayudar. Su mirada se enfoca en los fallos, en lo que falta, en lo que no es suficiente. Juzga con dureza, debilita la autoestima y deja tras de sí un eco constante de inseguridad y culpa.

Comunicación interior: áspera, a veces sarcástica, y rara vez reconoce los aciertos.

Cuando este personaje evoluciona hacia su versión más consciente, se transforma en el Observador sabio. Ya no busca errores para castigar, sino que observa con objetividad y compasión. Reconoce lo que puede mejorar, sí, pero también valida lo que se ha hecho bien. Aporta discernimiento sin herir, claridad sin juicio. Utiliza la crítica no como un ataque, sino como una herramienta de evolución y crecimiento. El Observador sabio no impone, no humilla, no infravalora. Sostiene. Acompaña. Inspira. Transformar esta voz es comenzar a hablarte con más respeto, permitir que el aprendizaje florezca sin miedo. Te recuerda que el verdadero cambio no nace del castigo, sino de la comprensión.

2. Perfeccionista → Cuidador amoroso

El Perfeccionista y su relación con el sufrimiento: este personaje vive convencido de que solo si es impecable será digno de amor, reconocimiento o pertenencia. Condiciona su valor al logro, y cada error lo interpreta como una amenaza a su identidad. Vive atrapado en la exigencia, en una carrera sin línea de llegada, donde nunca nada es suficiente.

Comunicación interior: rígida, dura, inflexible. No deja espacio para fallar, para descansar, para simplemente ser.

Cuando esta voz evoluciona, nace el Cuidador amoroso, una parte sabia que reconoce el valor del esfuerzo y de la pausa. Se permite ser humano sin perder su dignidad. Acepta la imperfección como parte natural del crecimiento y transforma la autoexigencia en cuidado. Su voz es amable, alentadora, tierna. No empuja desde el deber, sino que acompaña desde el amor. El Cuidador amoroso no busca perfección, sino verdad, autenticidad y bienestar. Te recuerda que tu valor no se mide por lo que haces, sino por cómo te abrazas mientras lo haces.

3. Salvador → Coraje interior

El Salvador y su relación con el sufrimiento: este personaje nace del deseo profundo de ayudar, de ser útil, de sentirse indispensable para los demás. Sin embargo, en su necesidad de ser precisado se olvida de sí mismo. Se sacrifica sin medida, invade sin querer, se pierde en los deseos y las demandas ajenas creyendo que el amor se gana a través del sacrificio.

Comunicación interior: suele estar cargada de consejos no pedidos, de sobreprotección y de una entrega que, aunque bienintencionada, termina ahogando.

Cuando esta voz se transforma, aparece el Coraje interior, una presencia firme y amorosa que sabe acompañar sin invadir, que reconoce que ayudar no siempre es hacer y que amar no es lo mismo que salvar. El Coraje interior confía en el proceso de los otros, honra su autonomía y no necesita sacrificarse para sentirse valioso. Ofrece ayuda solo cuando es bienvenida y sostiene desde el respeto, no desde la dependencia. Esta voz te recuerda que el verdadero acto de amor es preservar tu integridad mientras respetas la libertad del otro, y que tu presencia, cuando nace del equilibrio, es mucho más transformadora que cualquier esfuerzo desesperado por ser imprescindible.

4. Niño herido → Niño lúcido

El Niño herido y su relación con el sufrimiento: este personaje es la parte más sensible de ti, aquella que alguna vez sintió abandono, rechazo o miedo y aprendió a protegerse como pudo. Busca validación, aprobación y cuidado externo como si solo en los otros pudiera encontrar la seguridad que le falta.

Comunicación interior: unas veces se expresa como demanda y otras como silencio, enfado o retraimiento. Reacciona desde heridas no resueltas, esperando que el mundo le dé lo que no pudo recibir en el pasado.

Cuando esta voz se transforma, aparece el Niño lúcido, una parte que no pierde su sensibilidad, pero se sostiene desde una adultez consciente y amorosa. Ya no suplica protección, se la ofrece a sí mismo. No reprime su emoción, la expresa con claridad y madurez. Habla desde la necesidad verdadera, no desde la carencia. El Niño lúcido no niega su historia, pero ya no está atrapado en ella. Reconoce que su vulnerabilidad no es debilidad, sino una puerta a la autenticidad y al equilibrio interior. Cuando aprende a habitarse sin miedo y con presencia, se convierte en un faro silencioso que ilumina con ternura el camino hacia la integración.

5. Controlador → Paciente testigo

El Controlador y su relación con el sufrimiento: este personaje busca seguridad a través del control. Intenta anticipar, dirigir, corregir, asegurarse de que todo suceda como imagina. En el fondo, le cuesta confiar en los demás, en la vida, en lo desconocido. Vive en tensión, se resiste a la incertidumbre.

Comunicación interior: tiende a ser autoritaria, rígida, a veces disfrazada de orden o eficiencia, pero impulsada por el miedo a perder el dominio.

Cuando esta voz se transforma, nace el Paciente testigo, una consciencia lúcida que observa sin necesidad de intervenir en todo, que sabe que la verdadera seguridad no está en el control externo, sino en la solidez interior. El Paciente testigo escucha con atención serena, se abre a otras perspectivas y deja espacio a lo imprevisto. No impone, confía. No ordena, dialoga. Su comunicación es clara, honesta, sin doble intención. Esta voz no reacciona desde el temor, sino que elige desde la presencia. Al hacerlo, descubre que el mundo no necesita ser controlado para estar en paz. Basta con aprender a habitarlo desde la confianza.

6. Inseguro → Compasión activa

El Inseguro y su relación con el sufrimiento: este personaje vive bajo la sombra de la duda. Aunque logre avances o reciba reconocimiento, una voz interna le susurra que no es suficiente, que ha sido suerte, que en cualquier momento lo descubrirán. Se siente pequeño, inadecuado, y teme el juicio como si no tuviera derecho a ocupar el lugar que habita.

Comunicación interior: llena de disculpas innecesarias, autosabotajes sutiles que lo alejan de su plenitud.

Cuando esta voz evoluciona, surge la Compasión activa, una fuerza suave y firme que sostiene la herida desde dentro, aprende a validar su valor intrínseco sin depender de la mirada ajena, cultiva una autoestima enraizada en la comprensión, no en el rendimiento, y reconoce su dignidad más allá del éxito o del error. La Compasión activa le ofrece un nuevo lenguaje: amable, claro, respetuoso consigo mismo, una presencia que no solo consuela, sino que guía. Porque el verdadero antídoto del miedo no es la perfección, sino el amor que nos sostiene en medio de las dificultades con ternura y coraje.

7. Rebelde → Maestro

El Rebelde y su relación con el sufrimiento: este personaje reacciona antes de escuchar, se opone por reflejo, rechaza las normas como si todas fueran opresión. Por instinto, intenta defender la libertad, pero muchas veces termina en el aislamiento, en el conflicto innecesario, en una soledad que no libera, sino que endurece.

Comunicación interior: irónica, cortante, cerrada al diálogo y al aprendizaje.

Cuando esta energía se transforma, aparece el Maestro, una voz clara, profunda y centrada que no reacciona desde la herida, sino que elige desde la sabiduría. Ya no se opone por impulso, sino que decide con libertad real, reconoce su autenticidad como una brújula y la combina con discernimiento. El Maestro habla con firmeza sin herir, escucha sin perder su centro, actúa con coherencia. En esa madurez silenciosa encuentra su verdadera rebeldía: ser fiel a sí mismo sin necesidad de enfrentarse a todo.

8. Complaciente → Artista creador

El Complaciente y su relación con el sufrimiento: este personaje prioriza a los demás a costa de sí mismo. Tiene miedo de ser rechazado si muestra su verdadera voz y por eso dice «sí» cuando quiere decir «no».

Comunicación interior: llena de acuerdos forzados, silencios que esconden necesidades y renuncias que desgastan.

Cuando esta energía se transforma, nace el Artista creador, una voz auténtica, luminosa y libre que sabe cuidar sin abandonarse, se expresa con verdad y sensibilidad, y elige con consciencia a quién, cómo y cuándo cuidar, sin hipotecar su libertad ni su bienestar. El Artista creador transforma el sacrificio en expresión, el silencio en palabra sincera y la dependencia en vínculos genuinos. Y, desde ahí, construye relaciones más verdaderas, donde él también tiene un lugar.

9. Temor catastrofista → Voz de la gratitud

El Temor catastrofista y su relación con el sufrimiento: este personaje vive proyectando escenarios de pérdida y amenaza. Cree que anticipar el dolor lo protegerá, pero termina atrapado en la ansiedad de todo lo que podría salir mal.

Comunicación interior: alerta, urgencia, preocupación.

Cuando esta mirada se transforma, nace la Voz de la gratitud, una presencia serena que reconoce lo bueno que ya está ocurriendo, cultiva la confianza sin negar la realidad. Habla con calma, contempla el presente y agradece lo que está disponible aquí y ahora. La Voz de la gratitud no necesita garantías para estar en paz. Encuentra la belleza en lo simple y, desde ahí, disuelve el miedo con el brillo silencioso de la presencia y la apreciación.

10. Orgulloso defensivo → Guerrero de luz

El Orgulloso defensivo y su relación con el sufrimiento: este personaje se esconde detrás de una armadura. No permite que otros vean su duda, su miedo, su herida. Siente que reconocer un error es debilidad, que mostrarse vulnerable lo expone.

Comunicación interior: habla desde la rigidez, escucha poco y se impone mucho.

Cuando esta voz se transforma, aparece el Guerrero de luz, un ser fuerte no porque se defienda, sino porque se muestra tal y como es. Practica la humildad activa: sabe aprender de todos, en cualquier momento. Su fuerza no está en vencer, sino en integrar. El Guerrero de luz comunica con honestidad, coraje y empatía. Su verdadera fortaleza es haber dejado de proteger su imagen para empezar a vivir desde su verdad.

11. Victimista → Sabio

El Victimista y su relación con el sufrimiento: este personaje ha sufrido, y su dolor es real. Sin embargo, ha aprendido a ver la vida desde la impotencia, como si todo le pasara desde fuera. Cede su poder, espera ser rescatado y convierte el sufrimiento en identidad.

Comunicación interior: teñida de queja, resignación y reproche.

Cuando esta voz se transforma, aparece el Sabio, una consciencia profunda que asume responsabilidad sin culpa. Elige actuar, construir, aprender, se convierte en autor de su vida. El Sabio no niega su dolor, pero no lo usa como excusa. Desde la reflexión serena, recupera su poder y guía su camino desde la dignidad.

12. Perseguidor → Voz del perdón

El Perseguidor y su relación con el sufrimiento: este personaje ataca antes de escuchar. Juzga, acusa, controla, como si señalar al otro fuera la única forma de sentirse seguro o superior. En realidad, proyecta su dolor no atendido y necesita tener la razón para sostener su mundo.

Comunicación interior: dura, exigente, poco empática.

Cuando esta energía se transforma, nace la Voz del perdón, una fuerza compasiva que reconoce su impulso de herir y decide no hacerlo. Escucha más, reacciona menos. Reflexiona antes de hablar. Busca soluciones y repara vínculos con respeto. La Voz del perdón no solo libera al otro, sino que también te libera a ti. Porque sanar tu dolor no es atacar, es comprender y soltar.

13. Envidioso → Visionario compasivo

El Envidioso y su relación con el sufrimiento: este personaje sufre en silencio. Se compara, se siente inferior, se castiga por lo que no tiene. Mira el éxito ajeno con resentimiento, porque desconectó de sus propios sueños o no se sintió capaz de realizarlos.

Comunicación interior: pasiva, crítica, a veces cargada de sarcasmo o juicio velado.

Cuando esta voz se transforma, nace el Visionario compasivo, una parte que ve en el otro una inspiración, no una amenaza, que recupera sus propios anhelos y los convierte en dirección. El Visionario compasivo celebra la abundancia, reconoce su potencial y actúa con confianza. Porque sabe que lo que admira fuera también es posible cultivarlo dentro.

Esta tabla resume los mantras que transforman las voces limitantes en compasivas:

MANTRAS DE TRANSFORMACIÓN

DE LAS VOCES LIMITANTES A LAS VOCES COMPASIVAS

1.CRÍTICO INTERIOR: "NO ME JUZGO, ME OBSERVO CON LUCIDEZ Y APRENDO CON COMPASIÓN".

2.PERFECCIONISTA: "NO NECESITO HACERLO PERFECTO PARA MERECER AMOR. HOY ME CUIDO, NO ME EXIJO".

3.SALVADOR: "NO TENGO QUE SALVAR A NADIE. CONFÍO EN MI FUERZA Y PERMITO QUE CADA UNO DESCUBRA LA SUYA".

4.NIÑO HERIDO: "ABRAZO MI DOLOR CON TERNURA. EN MI VULNERABILIDAD TAMBIÉN HABITA MI LUZ".

5.CONTROLADOR: "SUELTO. OBSERVO Y CONFÍO EN EL RITMO DE LA VIDA".

6.INSEGURO: "SOY SUFICIENTE TAL COMO SOY. HONRO MI CAMINO".

7.REBELDE: "NO REACCIONO, APRENDO. ESCUCHO ANTES DE RESISTIRME".

8.COMPLACIENTE: "NO NECESITO AGRADAR. QUIERO EXPRESAR MI AUTENTICIDAD".

9.TEMOR CATASTROFISTA: "ELIJO CONFIAR. AGRADEZCO ESTE MOMENTO TAL COMO ES".

10.ORGULLOSO DEFENSIVO: "NO NECESITO TENER RAZÓN. MI VERDADERA FUERZA ES RECONOCER Y EVOLUCIONAR".

11.VICTIMISTA: "DEJO DE CULPAR. ELIJO HACERME CARGO DE MI PODER".

12.PERSEGUIDOR: "NO CASTIGO. COMPRENDO, SUELTO Y PERDONO PARA LIBERARME".

13.ENVIDIOSO: "LO QUE ADMIRO EN OTROS TAMBIÉN FLORECE EN MÍ. CELEBRO Y CONFÍO EN MI PROCESO".

DECIDO HABITARME DE FORMA CONSCIENTE,
GUIARME CON AMOR Y CAMINAR HACIA LA VIDA
QUE HONRA MI VERDAD MÁS PROFUNDA

Tu mente, tu refugio de serenidad

Cuando eliges cultivar tu mente para que sea un refugio, fortaleces tu sistema de calma, de regulación, una burbuja serena que te permite observarlo todo desde una perspectiva distinta incluso cuando la vida grita o te agita. Una mirada lúcida y ecuánime que decide asentarse en la compasión para aliviar su sufrimiento y crear las condiciones para el bienestar. Un lugar seguro para armonizar cuerpo, mente y corazón, y restablecer el equilibrio con el entorno.

Durante la infancia, además de las circunstancias y los mensajes que te dañaron o hicieron que desarrollaras patrones defensivos, también hubo muchos que estuvieron colmados de amor y sabiduría. No dejes que las heridas hablen más alto y fuerte que el amor que recibiste. Rescátalo y ábrete a recibir las riquezas que también guardaste. Es importante que tus voces internas e interpretaciones del mundo provengan de personajes guía, de tu consciencia más amplia y sabia, de ese lugar seguro lleno de virtud que cultivas, día tras día, para que colme tu vida de plenitud. Las respuestas perfectas no existen, pero sí las más coherentes y armónicas con tus valores. No promuevas más el dolor en tus heridas. No dejes que los viejos discursos alojados en tu sombra —voces del miedo, de resignación, de desconfianza— tomen el timón de tu vida. Mereces ofrecer y recibir el abrazo cálido del alivio del sufrimiento. Detente, respira, aléjate del ruido de tu mente y regresa a tu esencia, tu refugio. Elige la manera más sabia y amorosa de relacionarte con la vida.

Muchas veces la mente y toda nuestra energía se focalizan en cambiar el exterior —al otro o las circunstancias— y activan la resistencia, la defensa o el ataque, fricciones mentales que añaden más angustia, ansiedad o estrés. Pero hoy te invito a hacer algo distinto, algo que ya sabes que te ofrecerá mucha más paz, seguridad y confianza. Cuidar de lo que sí depende de ti: tus pensamientos, emociones y respuestas. Si preservas el triángulo de poder y activas el fuego transformador de tu consciencia, no evitarás que caigan flechas, pero podrás dejar de ser la diana. No repitas patrones que perpetúen tu sufrimiento ni te desgastes buscando culpables. Elige al personaje guía que dirija tu rumbo hacia la dirección más sana. Recuerda con claridad y ternura: no eres prisionero de tu pasado, ni de los patrones que aprendiste, ni de las voces que aún intentan atarte a quien una vez fuiste. Eres un ser en continua construcción capaz de entretejer tus experiencias en un nuevo triángulo, abrir nuevos caminos con el fuego sagrado de tu consciencia y elegir —una y otra vez— qué historia quieres seguir escribiendo. Cada pequeño acto de consciencia, cada decisión tomada desde el amor y la sabiduría, es una semilla silenciosa que transforma tu vida desde dentro. Aunque no siempre veas el cambio de inmediato, confía: cada gesto lúcido fortalece el refugio interno que te sostiene. Cada paso atento te acerca a la vida plena que mereces habitar. Hoy limítate a sembrar. Confía en ti, en tus riquezas internas. Sigue tejiendo tu camino. Aquí y ahora. Con un corazón más libre. Con una vida más viva. Porque, cuando aprendes a cuidarte desde dentro, tu mente deja de ser un campo de batalla y se convierte en un espacio de encuentro. Ahí, en la paz de la integridad, el reconocimiento y el respeto, está tu verdadero hogar.

Meditación: integración de personajes

Para esos momentos en los que una parte de ti toma el control y sientes que te alejas de tu centro, te ofrezco esta meditación diseñada para ayudarte a volver a casa, a tu libertad interior. Te invita a recordar quién eres más allá de las máscaras y regresar a ti con calma, claridad y compasión.

Haz una pausa. Detente un instante. Céntrate en la respiración.

Inhala profundamente por la nariz.

Exhala con suavidad.

Mantente por unos instantes atento al ciclo natural de tu respiración.

Cierra los ojos y reconoce internamente qué personaje está tomando el control. Nómbralo en tu interior, sin juicio. Por ejemplo: «Ahora veo que mi Crítico interior está muy activo», «Mi Perfeccionista está saboteando la satisfacción de haber entregado mi proyecto».

Imagina a ese personaje como una figura frente a ti. No como un enemigo, sino como un antiguo protector.

Obsérvalo con ecuanimidad, desde una distancia amable, como si fuera un viejo conocido que ya no tiene que dirigir tu vida, pero que te acompaña. ¿Cómo te lo imaginas? Observa su figura, su rostro… Quizá lleve mucho tiempo contigo.

Ahora, ¿qué intenta decirte? ¿Cuál es la necesidad que quiere que atiendas? Quizá solo desea que te protejas, que no descuides tu proyecto, que sigas mejorando…

Atiende a lo que surja sin responder, sin reactivar. Solo desde la perspectiva amable de sentarte frente a él.

Ahora te invito a que, desde el silencio de tu mente, puedas darle las gracias y liberarlo. Dile: «Gracias por querer protegerme. Gracias por este mensaje. Sé que me estabas cuidando. Hoy elijo actuar desde un lugar sagrado, mi centro».

Visualiza cómo, en estos instantes, esa figura se disuelve de forma lenta en una nube suave de luz. No desaparece, solo se integra en ti de manera serena, sin gobernarte.

Respira y regresa la atención a tu respiración.

Visualiza a continuación, en el centro de tu pecho, una luz cálida y estable. Quizá sientas su luminosidad, su serenidad. Tan solo respira en ella. Esa luz es tu armonía. Eres tú libre de máscaras, libre de viejas reacciones. Actívala junto a tu respiración en calma.

Con la atención puesta en ella, repite mentalmente el siguiente mantra: «Yo no soy mis personajes. Soy la consciencia que elige con libertad mi camino. Mi armonía me guía».

Ahora que tu personaje se ha disuelto, imagínalo integrado en tu esfera de luz, una cada vez más brillante y suave, más amplia y luminosa. Respira hacia tu corazón y repite en la mente: «No soy mis personajes. Soy quien elige», «Hoy actúo desde mi centro, no desde mi miedo», «Soy la consciencia que elige con libertad mi camino».

Para cerrar esta práctica, elige una palabra o una cualidad que quieras encarnar en el momento presente: calma, claridad, confianza, amabilidad…

Respira hondo una vez más sintiendo que esa cualidad se instala en ti. Respira repitiendo la palabra desde tu interior y nota cómo se instala.

Poco a poco, vuelve la atención a tu respiración. Mueve con suavidad el cuerpo y abre los ojos. Te invito a continuar construyendo tu día desde la consciencia plena. Recuerda: «Elijo ser quien soy, no quien mis viejas voces me dictan ser».

Claves para la práctica

- No intentes luchar contra el personaje, solo reconócelo, agradécele su intención original (protegerte) y recuérdale con amabilidad quién está al mando.
- Con el tiempo, esta práctica fortalecerá tu capacidad de observar sin identificarte y recuperarás tu libertad interior más rápido.

Recuerda que solo existe para ti aquello a lo que prestas atención. Si vives en la absorción de un personaje rígido — Crítico interior, Inseguro, Perseguidor— y no cultivas la perspectiva suficiente para contactar con otras voces más sanas dentro de ti, terminarás siendo devorado por ese personaje. Creerás que eres él y vivirás con su máscara. Pensarás que no puedes cambiar porque te habrás alejado tanto de ti que te habrás olvidado de ser. Pero no es así. Tu esencia es mucho más poderosa que el ruido de tus discursos. Solo has de detenerte, salir de la identificación y hacer el viaje de regreso a ti. Sabes llegar, puedes ofrecerte el regalo de abrazar tu plenitud y potencialidad.

6

El arte de vivir consciente

> Entre el estímulo y la respuesta hay un espacio. En ese espacio residen nuestra libertad y el poder de elegir nuestra respuesta. En esa elección se encuentran nuestro crecimiento y nuestra felicidad.
>
> VIKTOR FRANKL

EL ARTE DE CONSTRUIR TU VIDA

Construir la vida es un arte silencioso que se teje a cada instante, con cada elección, con cada pequeño gesto de consciencia. Construir la vida es aprender a escuchar con honestidad quién eres hoy y quién intuyes que puedes llegar a ser. Es tener el valor necesario para soltar patrones antiguos que ya no te sirven, aunque hayan sido cómodos, y abrir espacio a lo nuevo, a pesar de que al principio asuste. Es elegir, una y otra vez, la dirección que honra tu crecimiento, tu bienestar y tu verdad más profunda. No se trata de alcanzar un ideal perfecto ni de llegar a un destino final, sino de soltar expectativas rígidas y habitar el proceso de armonizar tu mente con atención, despertar el coraje de tu corazón y moldear tu manera de estar en el mundo con presencia, amor y sabiduría.

El arte de construir la vida exige flexibilidad para adaptarte al cambio, humildad para aprender y coraje para seguir avanzando incluso aunque el camino sea incierto. Implica entender que cada caída, cada error, cada comienzo imperfecto también forman parte de esa senda. Que la vida se construye contigo y que en cada respiración consciente, en cada paso que das con intención, estás participando de forma activa en la creación de una existencia más libre, más plena, más auténtica.

La vida no es algo que simplemente ocurre. La vida se construye, se siente, se elige, se cultiva día a día, instante a instante. No permitas que una respuesta inconsciente y automática te guíe hacia una senda de sombras que ya no quieres transitar. Ofrécete la luz de tu lugar seguro. Respira, habita el presente y elige tu respuesta ante la vida, construye tu camino, tu dirección. No dejes que un patrón condicionado por el pasado limite tu crecimiento. Crea en tu mente un espacio sagrado, un lugar seguro donde puedas detenerte y elegir desde la consciencia, el amor y la sabiduría. Una vida excepcional es el reflejo del bienestar interior. Te animo con entusiasmo a impulsar tu crecimiento interior, a dar luz a tu lugar seguro, a sostener tus sombras desde tus fortalezas. Tienes en tu interior la sabiduría suficiente para caminar con confianza.

Para. Observa con ecuanimidad. Y quiérete lo suficiente para acompañarte a tomar la mejor decisión aquí y ahora. No siempre eres responsable de lo que ocurre, pero sí de la respuesta que eliges dar. Cultiva un lugar seguro lleno de calma, sabiduría y fortaleza desde el que puedas interactuar y abrirte al presente, un contacto vivo que tienda a organizarse en armonía. La vida está, solo tienes que salir a su encuentro. Detenerte y abrirte al momento presente. No vivas encerrado en los discursos internos, los escenarios catastróficos o las altas exigencias que te aíslan de él. Acompáñate, desde una presencia amable y sin juicio, a elegir las respuestas más funcionales, adaptativas y alineadas con el bienestar que deseas. Construye cada instante en armonía.

La vida te necesita activo, atento y presente. Vivir con sentido no es un ideal abstracto, es un propósito que se despliega instante a instante, un contacto más armónico, una relación más sabia con lo que te rodea. Entrena tu mente en la virtud y no alientes más a tus fantasmas. Despliega todo tu potencial humano y no abandones tu vida al automático. Permite que tu mochila se aligere de lo que ya no necesitas, que se cargue con lo nuevo que te entusiasma y con la energía renovada del aprendizaje. Permite que tu mundo interior siga nutriéndose con asombro, no lo dejes anclado y limitado. Porque hay algo fundamental en todo este orden: el mundo no existe para cumplir tus expectativas. Eres tú quien aprende, cada día, a sembrar las causas y condiciones en lo que ella te presenta. No puedes controlar lo que ocurre, pero sí recuperar la libertad de hacer con ello algo virtuoso, transformador y lleno de valor. Porque vivir esperando que las circunstancias externas se alineen perfectamente para ser feliz es una espera interminable. Resignificar el concepto de felicidad te permitirá descubrir que la vida sucede a cada instante y que a cada instante se desvanece. Solo tienes que despertar a ella y apreciar el milagro de que hoy puedes volver a habitarla. Porque vivir con plenitud no es esperar a que el mundo cambie, sino cambiar la forma en que das cada paso en tu vida. Y ese poder, ese cambio, comienza hoy.

Elijo estar presente con amor y confianza,
sembrar virtud y proteger mi libertad.

Meditación de integración: viaje al yo auténtico

Te invito a practicar esta meditación diseñada para integrar todo el camino que has recorrido, un espacio de pausa en el que puedan encontrarse y entrelazarse flexibilidad mental, desidentificación del ego, observación consciente, conexión con tu sabiduría interior y liberación del sufrimiento reactivo.

Busca una postura cómoda, estable y presente. Siéntate con la espalda erguida pero sin tensión. Deja que tu cuerpo exprese dignidad y suavidad al mismo tiempo. Cierra los ojos o deja caer la mirada como si el mundo se volviera más interno por un momento.

Céntrate, sin esfuerzo, en tu respiración. Siente cómo entra y sale el aire. No necesitas modificarla. Solo habita ese ritmo natural que ya te sostiene.

Permítete llegar. Aquí y ahora. Sin exigencias, sin expectativas. Solo presencia. Este momento es para ti. Para encontrarte contigo sin máscaras, sin prisa, sin juicio.

Cada inhalación es una invitación a volver a ti.

Cada exhalación, una oportunidad para soltar lo que ya no necesitas.

Lleva tu atención al cuerpo, vuelve a tu base. Observa las sensaciones: percibe el peso de tu cuerpo sobre el asiento, el contacto de los pies con el suelo, la temperatura del aire en la piel. No busques cambiar nada, solo habita tu cuerpo como una casa viva.

Permanece unos instantes en las sensaciones. Nota cómo surgen, cambian, se mueven. No te resistas ni las etiquetes, solo ofréceles el espacio de tu consciencia para observarlas de forma ecuánime. Deja que sean tal como son.

Ahora te invito a observar el movimiento de tu mente, esa que narra, interpreta, anticipa. Deja que los pensamientos pasen como si fueran nubes cruzando el cielo de tu consciencia. No entres en la historia, no luches ni te aferres. Solo observa.

Cada vez que notes que un pensamiento te arrastra, vuelve suavemente a la respiración.

Reconoce desde la intimidad de este espacio «Esto es solo un pensamiento», «Solo es un evento mental» y déjalo pasar. Toma la perspectiva del observador que te recuerda: «Yo no soy mis pensamientos», «Yo no soy lo que pienso».

Vamos a flexibilizar el ego para que se armonice con sabiduría, ternura y compasión.

Imagina el yo como un campo de energía alrededor de ti que a veces se contrae para protegerse y en ocasiones se expande para controlar. Observa esa energía con amor, sin juicio.

Contempla con suavidad: ¿cómo sería soltar la necesidad de controlar cada experiencia?, ¿cómo sería vivir desde la apertura, sin miedo?, ¿y si esa energía que antes te protegía hoy pudiera acompañarte a crecer?

Respira en calma mientras contemplas.

A continuación imagina que estás frente a un sendero que se pierde en la distancia.

Es tu camino de regreso. Una senda hacia el hogar más profundo que siempre ha vivido en ti.

Siente la llamada silenciosa y cálida que nace del centro de tu ser.

Es una invitación a soltar las máscaras, los trajes viejos que una vez usaste para protegerte, las creencias que ya no te definen.

Hoy no necesitas nada de eso.

Comienza a caminar, lenta y amorosamente.

Cada paso que das es una elección consciente: con cada uno, dejas caer un peso, una vieja creencia, una historia que ya no te define.

Sientes que el ego se diluye en armonía, en una luz suave que permanece contigo. Vaporosa, flexible, luminosa.

Nota la ligereza que empieza a crecer en ti. Siente en cada paso cómo tu cuerpo y tu mente se abren a una nueva forma de habitarte.

Permítete sentir la libertad que se abre ante ti con esta nueva forma de caminar. Sin el peso de la rigidez. Con la suavidad y ligereza de la luz que te acompaña. Sin disfraces, sin etiquetas, sin miedo. ¿Cómo se siente esa versión de ti? ¿Cómo respiras? ¿Cómo te mueves? ¿Cómo te relacionas con la vida?

Respira y permite que se expandan esa imagen y las sensaciones que mueve en ti. Deja que permeen en tu interior.

Ahora lleva tu atención al centro de tu pecho. Siente allí un espacio cálido, amplio, silencioso.

Repite internamente, como un susurro: «Soy el espacio donde todo se armoniza. Confío en mi capacidad de adaptarme, crecer y responder con sabiduría. Acepto el momento presente con amor y apertura. Soy el espacio donde todo se armoniza».

Respira hondo y permite que estas sensaciones de calma y confianza permeen en ti. Permite que estas palabras sean como raíces que te asientan.

Recuerda: no necesitas convertirte en alguien diferente. Solo tienes que recordar volver a ti.

Permanece unos instantes en este espacio de encuentro y quietud.

Respira en calma, en la calidez de la serenidad.

Cuando estés listo, realiza una respiración más profunda.

Siente tu cuerpo aquí y ahora: tus pies, tus manos, el contacto con el suelo.

Al exhalar con suavidad, abre los ojos y regresa trayendo a ti la memoria viva de tu auténtico ser.

Lleva esta consciencia contigo al resto de tu día. La transformación no se produce en los grandes eventos de la vida. Se da siempre que eliges habitarte con presencia.

Ojalá puedas caminar tu vida con presencia, con suavidad, con coraje compasivo y lucidez. La transformación no ocurre en los grandes eventos, sino en cada instante en que eliges habitarte con amor y soltar la vieja necesidad de controlar. Ojalá esta práctica te acompañe. Que tu luz te guíe. Y que tu centro sea siempre tu refugio.

Deja que la vida sea como es. Confía en tu armonía para tejer experiencias. Hay un lugar seguro, compasivo y sabio en ti desde el que observar, elegir y actuar. Aquí y ahora está todo bien. En calma.

La mente como un templo: entre habitaciones oscuras y refugios de luz

Imagina por un momento que tu mente es una casa. No una cualquiera, sino una viva, palpitante, en constante transformación. Una casa vasta, con alas enteras aún sin explorar, con habitaciones que esperan que las abras. En ella habitan pensamientos, emociones, recuerdos, patrones aprendidos, historias repetidas… Es el lugar donde conviven tus versiones pasadas, tus voces internas, tus impulsos y también tu sabiduría más profunda.

Durante años —por necesidad, por costumbre, por supervivencia incluso— has recorrido los mismos pasillos. Te has sentado siempre en los mismos rincones. Has vivido en ciertas habitaciones mientras otras permanecían cerradas, cubiertas de polvo y silencio. Y muchas de esas estancias habitadas pertenecen al ego. El ego fue conquistándolas y alojando en ellas a sus diferentes personajes. Y lo hizo, en su momento, para protegerte. Se volvió un experto en levantar muros y paredes para defenderte, buscar certezas, construir explicaciones y aislar habitaciones. Sus personajes y voces —el que duda, el que exige, el que teme, el que se compara…— surgieron como estrategias de adaptación que necesitaban alojarse allí mientras te defendían. Durante mucho tiempo, cumplieron su función.

Aquellas voces —con los años, con la historia, con las heridas— fueron haciéndose cada vez más fuertes. Querían proteger tu casa y fueron una buena estrategia. Lo hicieron lo mejor que pudieron, aunque para ello tuvieron que erigir muros cada vez más altos, más rígidos, separaciones que no solo te protegían, sino que también te aislaban del resto de la casa y coartaban tu libertad de movimiento dentro de ella. Así que tuviste que aprender a vivir así. Lo frecuente se convirtió en confort. Olvidaste que tu casa era mucho más grande.

Desde esta ala, desde las ventanas de estas habitaciones, solo se ve una parte limitada del paisaje de la vida, solo escuchas unas determinadas voces y solo percibes lo que atiendes desde ellas. Así, te vas acostumbrando a que esta visión sesgada forme en tu percepción una realidad completa, absoluta. Cuando te detienes aquí, solo escuchas el continuo parloteo de un patio de vecinas en el que todas estas voces alojadas en ellas hablan a la vez, critican, opinan desde el miedo, la escasez, la envidia, la inseguridad. Solo generan ruido y una visión rígida del mundo y de todo cuanto ocurre. A veces este ruido provoca sufrimiento, pero te has acostumbrado a estas voces. Las has dejado crecer y se han acomodado como reinas en un palacio. Te has habituado a ellas y has dado por sentado que tu mundo era así. Pero hoy es diferente, tú has cambiado.

Cansado de ver los mismos escenarios, escuchar las mismas voces y tropezar en los mismos lugares, has decidido asumir la responsabilidad y te has lanzado a la aventura de salir de estas habitaciones. Has recordado, como si un sueño te lo desvelara, que hay otros muchos cuartos esperando a ser visitados. De repente recuerdas que existen estancias que aún no has explorado. Salir del pasillo en el que te encuentras da vértigo, pero es solo el principio. Sabes que en el lugar al que te diriges no hay tanta confusión, hay mucha más luz y un brillo cálido que te inspira confianza. Y empiezas a intuir que, dentro de esa casa, en esos rincones más silenciosos y luminosos, también viven otras voces. Voces menos ruidosas, más serenas.

Voces guía. No gritan, no se imponen. No alimentan narrativas de escasez o miedo. Y están ahí esperando, con paciencia, a ser escuchadas. Ellas también confían en tu regreso. Saben que llegará el día en que vuelvas a escucharlas, en que vuelvas a creer en ellas. Estas voces sabias iluminan las sombras, convierten el silencio en una serenidad amable. Están dispuestas a reunirse, pero no desde el ruido sin sentido, sino en una pausa consciente que comprende el instante presente en su totalidad. Desde su disposición interna a abrirse a la experiencia, confías en avanzar hacia ellas, en atenderlas, en escuchar la profundidad de su mensaje.

Ahora te invito a imaginar que caminas por esa casa con una linterna en la mano y una mirada nueva, curiosa, sin juicio. Mientras andas, descubres que existen muchos rincones que has evitado. Sin embargo, ahora sabes que, cuando quieras, puedes encender la luz en ellos. Porque puedes acompañarte de otros guías que te orienten en la confusión, con amabilidad y cariño. Y así, poco a poco, limpias rincones oscuros y abres ventanas que permanecían cerradas al mundo. Descubres que puedes ver muchas más partes y formas del paisaje. Te das cuenta de que has vivido encerrado en una visión reducida de la vida. Al recorrerla, te encuentras con espacios llenos de claridad, ternura y calma lúcida esperándote. No es que no estuvieran ahí antes, es que necesitaban ser vistos con otra consciencia.

A medida que recorres la casa con más presencia, vas acercándote a su centro. Uno cálido y firme, silencioso y vital: tu esencia. Ese lugar dentro de ti que no necesita defenderse ni disfrazarse para existir, ese núcleo intacto que ha estado contigo desde siempre, aunque muchas veces lo hayas olvidado entre tanto ruido. Ahora sabes que, si te detienes, si respiras, si escuchas…, puedes elegir este camino. Y, aunque te sientas perdido, puedes dejar que una voz más sabia te tome de la mano y te lleve de regreso al centro, a un lugar seguro en el que recuerdas el sentido real de habitar cada instante, la importancia de la luz de tu verdad y la paz de reencontrarte. Recuerdas de nuevo esa sensación de libertad y felicidad genuina que te impulsa a vivir de otra forma. Siempre ha estado ahí, solo que hacía mucho que vivías confundido y distraído entre tanta preocupación y ruido, hacía tiempo que no salías de las habitaciones del ego.

En esta casa interior cada grupo de voces —las del ego y las guía— viven en un ala distinta. Algunas habitaciones del ego son enormes, porque has pasado años dentro de ellas. Sin darte cuenta, las has fortalecido con pensamientos repetidos, creencias no cuestionadas, emociones sostenidas desde el miedo. Otras estancias, en cambio, están casi ocultas, pero no porque no existan, sino porque aún no te has dado permiso para habitarlas. Cada una de ellas tiene un código de acceso: una narrativa, una creencia, una emoción dominante que regula quién entra y qué se permite sentir allí. El personaje Controlador, por ejemplo, solo deja entrar ideas que le ofrezcan sensación de control. El Crítico interior buscará siempre el error, la falta, la imperfección. El Temor catastrofista no aceptará señales de apertura o confianza, porque las verá como un riesgo. Así funcionan los viejos patrones: filtran la realidad para protegerte, pero también te encierran y te confunden al sesgar la información. Vivir en esa ala requiere de mucho discernimiento y atención plena porque, incluso cuando una voz sabia —que alienta y comprende— se asoma a una de esas habitaciones, suele percibirse como una intrusa que trae información de fuera. Pero no lo es. Es el inicio de la transformación.

Parte de este viaje consiste en desafiar esos códigos internos, en decidir que ya es hora de cruzar nuevas puertas. De abrir todas las habitaciones y ventanas para dar un lugar a las versiones de ti que han estado esperando crecer, a la potencialidad latente que espera ser desvelada, a saberte con sombras, pero también con mucha luz. Te invito en este viaje a recordar que, desde tu centro, desde el lugar seguro de tu mente, existe un equilibrio mayor que te sostiene. Para que seas libre, para que seas feliz desde la intención genuina de saberte pleno.

Cada vez que eliges este entrenamiento, cada vez que cultivas tu mente en la virtud y escuchas una voz guía, por tímida que sea, estás haciéndole espacio. Estás enseñándole que puede elegir y empezar de nuevo, que puede transformarse. Porque esta casa no es tan fija o rígida como pensabas, aunque a veces lo parezca. Está hecha de caminos y memorias emocionales, de elecciones repetidas. Y lo que se repite se fortalece. Por eso cada pequeño gesto de consciencia —una pausa, una respiración, una respuesta distinta— es una obra de arquitectura interna. Y así, sin prisas, sin exigencias, tu casa se llena de luz, de un brillo cálido, de una alegría distinta, genuina. Las voces se integran. El ego se flexibiliza. Y la sabiduría comienza a ocupar su lugar. Al final, no se trata de borrar ninguna parte de ti, sino de ampliar tu espacio interno. De convertirlo en un templo sagrado donde tu mente, tu cuerpo y tu consciencia vivan en la luminosidad de la virtud.

Con luz.

Con verdad.

Con presencia.

El laberinto de los pasillos emocionales

Tu mente es un templo de alas extensas, habitaciones infinitas y pasillos que la recorren de extremo a extremo. En esta casa viva, cada pasillo está teñido por un color emocional distinto. Y no solo tienen una función decorativa, sino que palpitan con la frecuencia de las emociones que allí predominan. Así, hay un pasillo de tonos rojos que se enciende con la energía del enfado. Uno azul, profundo y silencioso, que te lleva al ala de la tristeza. Otro verde, salpicado de espejos, en el que la comparación y la envidia caminan de la mano. Uno gris, de paredes estrechas, en el que el miedo y la desesperanza parecen cerrar todas las salidas. Cuanto más tiempo pasas caminando por uno de estos pasillos emocionales, más se refuerza su poder sobre ti. Es como si tu cuerpo y tu mente se acostumbraran a su vibración. Sin darte cuenta, terminas recorriendo las mismas habitaciones una y otra vez. Te conviertes en un huésped habitual del ala de la tristeza: visitas memorias antiguas, repasas errores, sientes una pérdida tras otra. O te instalas en la ira, donde cada habitación contiene una nueva queja, un nuevo agravio, una nueva razón para endurecerte por dentro.

El ego conoce bien este mapa. Es un excelente narrador de historias y un hábil decorador de habitaciones. Sabe seducirte con argumentos que parecen verdades absolutas. Te dice que tienes razón en tu enfado, que nadie te comprende, que siempre te fallan. Te convence de que no vale la pena confiar, que es mejor aislarte, que no puedes. Y tú, cada vez que asumes estos argumentos como verdades, terminas instalándote en ellas. Su fuerza gravitatoria te atrapa en un ala de la casa y en una vibración emocional que termina haciéndote creer más pequeño de lo que eres, y todo para caber en una emoción que no te representa, pero a la que te has acostumbrado.

Pero hay algo que el ego no puede controlar: tu consciencia. Esa chispa viva, silenciosa y lúcida que se despierta cuando te detienes, respiras y observas. Cuando entrenas la mente a través de la práctica consciente —ya sea en terapia, en meditación o en la vida cotidiana—, empiezas a desarrollar un nuevo poder. El poder de darte cuenta.

Darte cuenta de por qué pasillo emocional caminas.

Darte cuenta de qué voz interna está tomando el control.

Darte cuenta de qué historia estás alimentando con tu atención, tu energía y tu cuerpo.

Y, al darte cuenta, puedes elegir. Puedes cambiar de habitación. Puedes dejar las voces del juicio o del miedo y caminar hacia otra ala de tu casa. Allí, en las habitaciones luminosas, te esperan los personajes guía: los que no te gritan, te sostienen; los que no te fuerzan, te alientan; los que no te juzgan, te invitan a crecer. Estos personajes y sus virtudes —discernimiento, compasión, ternura, fuerza serena— no niegan tu dolor. No lo minimizan. Te toman de la mano y te acompañan a transitarlo con dignidad. A comprenderlo, a sostenerlo, a transformarlo.

Y es fundamental que sepas algo importante: algunas habitaciones, en especial las más dolorosas, tienen un peso emocional profundo. No siempre puedes salir de ellas solo. Y está bien. No es señal de debilidad, sino de consciencia, responsabilidad y coraje. A veces necesitas que alguien camine contigo. Quiero invitarte a contemplar que la psicoterapia, en este caso, puede ayudarte a comprender los planos de tu casa interna, recordarte que esa voz que hoy te paraliza fue, en su momento, una forma de protección, y acompañarte, sin juicio, a escribir una nueva historia en la que ya no seas rehén de tu pasado, sino protagonista de tu evolución.

En psicoterapia aprendemos a mirar con honestidad nuestras voces internas, a comprender cómo nacieron y qué función cumplieron. Nos enseña a integrarlas, pero no para negarlas, sino para que dejen de dirigir nuestras decisiones desde la sombra. La sanación comienza con ese gesto: mirar con confianza, amabilidad y sabiduría lo que antes evitábamos. Y si hoy estás recorriendo estos pasillos emocionales, si sientes que te pierdes en sus giros y repites sus rutas, quiero decirte algo con claridad: no estás atrapado. La casa de tu mente tiene muchas más puertas de las que crees. Y hay una llave en tu mano.

Se llama «presencia».

Se llama «autoobservación amorosa».

Se llama «elección consciente».

Cada vez que la usas, una nueva puerta se abre. Una habitación que antes parecía inaccesible comienza a respirar. Una emoción que parecía insoportable empieza a calmarse. Una historia repetida se transforma en comprensión. No eres prisionero de la habitación en la que hoy habitas. Eres el arquitecto de la casa que estás construyendo, paso a paso, con cada pensamiento que eliges creer, con cada emoción que aprendes a sostener sin juicio, con cada decisión que tomas desde tu centro, no desde tu herida. Así que la próxima vez que te sientas abrumado por una emoción intensa no te pierdas en su pasillo. Haz una pausa. Respira y recupera la perspectiva ecuánime. Elige tu presencia, la calma, el discernimiento y la sabiduría. Sigue haciendo que tu mente sea un lugar seguro.

Porque puedes elegir.

Siempre puedes elegir.

Regresa a tu centro, tu lugar seguro. Tu refugio de consciencia y luz.

TENDENCIA AL BIENESTAR

UNA MENTE LÚCIDA Y VIRTUOSA

DESDE LA CALMA CONSCIENTE, ELIJO HABITAR MI PRESENTE GUIADO POR LA SABIDURÍA Y LA VIRTUD, SOSTENIDO POR LA COMPASIÓN

TENDENCIA AL SUFRIMIENTO

UNA MENTE PREOCUPADA Y OPACA

ELIJO SALIR DEL AUTOMATISMO Y ENCENDER LA LUZ DE MI CONSCIENCIA. NO ME ABANDONO AL SUFRIMIENTO: ME HABITO CON PRESENCIA, COMPASIÓN Y CLARIDAD

Meditación: recorro las habitaciones de mi mente

Quiero compartir contigo una meditación con la que identificar, observar y elegir de forma consciente las voces internas que quieres fortalecer. Siéntate en una postura cómoda, con la espalda recta pero relajada. Cierra los ojos con suavidad.

Realiza tres respiraciones profundas: inhala por la nariz y exhala por la boca, soltando toda la tensión acumulada.

Permite que tu mente y tu cuerpo vayan entrando en un estado de mayor calma y apertura.

Imagina que estás en el centro de una gran casa. Es tu mente. Dile: «Voy a recorrer mi casa interior con amabilidad y curiosidad».

Imagínate de pie en el *hall* principal. Observa los pasillos que se extienden hacia las diferentes alas. Cada una de ellas se asocia a un estado emocional: alegría, tristeza, miedo, ira, serenidad…

Observa con atención y curiosidad. Hay pasillos rojos, azules, grises…; sabes que están habitados por las voces de la ira, de la tristeza, del miedo… Eres consciente de que son voces de personajes que conoces desde hace tiempo. Observa. Quizá te encuentres con el Controlador o el Inseguro.

Hay muchas habitaciones. Cada una representa diferentes aspectos de ti: emociones, pensamientos, personajes internos.

Avanza por el pasillo en el que te encuentras ahora. Elige el que haya surgido con más fuerza. Siente la moqueta, su color, su textura… Observa las habitaciones que contiene, las historias que guardan, el personaje que las habita…

Ahora te invito a llevar tu atención a ti. Sabes que cuentas con una llave, una poderosa que emana luz. Tienes el poder de abrir y recorrer estas habitaciones con total libertad.

Empieza a caminar de nuevo, lentamente, por el pasillo de las voces del ego.

Acércate a la primera estancia que encuentres. Abre la puerta. No entres. Solo observa.

¿Qué sensaciones despierta en ti?

¿Quién o qué personaje está en ella?

¿De qué hablan las voces?

No juzgues. Solo observa. Quizá ahí residan las voces críticas, las autoexigencias, los miedos antiguos.

Inclina la cabeza en señal de respeto. Esas voces nacieron para protegerte y, aunque hoy sabes que puedes elegir algo diferente, honras lo que hicieron por ti.

Sigues caminando despacio, desde la serenidad. Tienes la llave poderosa y luminosa que abre todas las puertas.

Ahora te diriges hacia otro pasillo, uno más luminoso. Te acercas y sientes que desprende una calidez especial. En él hay habitaciones de calma, confianza, alegría y compasión. Camina poco a poco, siente cómo el ambiente cambia a medida que te acercas a una nueva habitación segura.

Abre una puerta.

Percibe la luz, la calidez, la serenidad que hay allí.

Aquí habitan tus voces sabias: amabilidad, compasión, paciencia, claridad.

Entra, respira profundamente y permite que cuerpo y mente se impregnen de esta nueva energía.

Siente la calidez que emana de esta estancia.

Este es el lugar que hoy decides fortalecer.

Acércate al centro de la sala.

Respira hondo, siente que esta energía llena tu pecho, tu mente, todo tu ser.

Escucha con atención, por si hay algún mensaje que hoy quieras saber.

Y repite mentalmente: «Elijo caminar de la mano de mis voces sabias. Elijo responder a la vida con calma, claridad y amor».

Imagina ahora, justo cuando enuncias tus aspiraciones, que esa luz y esa sabiduría que habitan en tu habitación segura se expanden por toda la casa, iluminando con suavidad incluso los rincones más oscuros.

Respira hondo una vez más.

Siente en tu interior esa calidez y certeza: no eres tus personajes; eres quien elige, momento a momento, la voz que quiere seguir.

Respira y visualiza cómo la luz y la sabiduría se expanden iluminando con suavidad toda la casa, incluso los rincones más sombríos.

Para cerrar, haz un anclaje en la nueva habitación. Repite en tu interior: «Elijo dónde quiero habitar. Elijo el espacio interior que me sana y me impulsa».

Siente cómo te envuelve la energía de esta nueva habitación.

Cuando estés listo, mueve con suavidad los dedos, estírate, si lo necesitas, y abre los ojos trayendo contigo esta sensación de calma y libertad.

La llave siempre está en tu mano. Elige el hogar emocional en el que quieres vivir. Sigue expandiendo la luz de la consciencia a tu hogar interno. Que tu mente sea clara, lúcida, firme para guiarte y suave para acompañarte.

Que así sea.

Recuerda este mantra: «Mi mente es un hogar en el que son bienvenidas la sabiduría, la amabilidad y la claridad».

El poder de la consciencia

Este es el poder silencioso de tu consciencia: recordarte, una y otra vez, que siempre puedes volver a ti. Regresar a tu centro. A ese espacio interno donde tu identidad no está encadenada a lo que los demás esperaron de ti, sino alineada con la verdad que hoy te habita. Un refugio sereno en el que tu valor no se mide por lo que logras ni por lo que aparentas, sino por tu capacidad de habitarte con autenticidad, presencia y coherencia. Es allí, donde el ego deja de ser enemigo para convertirse en puente. Ya no es máscara ni prisión. Es estructura. Una herramienta psíquica que, cuando es iluminada por la atención plena, puede sostener tu proceso de evolución en vez de sabotearlo. El ego deja de imponerse y empieza a servir; ya no dirige, acompaña. Ya no defiende con rigidez, contiene con claridad.

Solo cuando tienes el coraje necesario para mirar hacia dentro —no para juzgarte, sino para comprenderte— comienza a emerger una identidad más genuina. No nacida del esfuerzo por encajar, sino del deseo profundo de ser. Una forma de habitarte que no necesita validación externa porque se enraíza en lo silenciosamente auténtico. En lo esencial. Tu esencia no necesita armaduras. Solo espacio. No florece en lo rígido, sino en lo fértil. En lo que puede cambiar, sanar, crecer. Porque a veces lo más valiente no es resistir, sino soltar con consciencia. No es sostener con fuerza, sino abrirse con confianza. No necesitas una identidad rígida para sentirte seguro. Necesitas una estructura interna coherente que te contenga sin aprisionarte, sepa sostenerte en los momentos difíciles y, al mismo tiempo, te permita transformarte cuando la vida te lo pide. Una estructura flexible que no se rompa con el cambio, sino que crezca con él.

Cuando dejas de aferrarte a la rigidez y empiezas a confiar en tu capacidad de adaptarte a los diferentes procesos de la vida, aparece algo nuevo: una mirada tranquila, una presencia amable. Una fuerza callada que no necesita imponerse, pero que está ahí, sosteniéndote desde dentro. Es esa presencia sabia que no reacciona, sino que ha aprendido a responder desde un lugar más amplio. Que no se aferra, sino que elige. Que no se pierde, sino que regresa. Y, desde esa presencia, comienza a destilarse una armonía más profunda. Una forma de vivir que integra todas tus partes —las que amas, las que te duelen, las que estás aprendiendo a mirar— y que te permite vincularte con el mundo desde un contacto más verdadero. Menos reactivo. Más amoroso. Más humano.

Pero este proceso no es lineal ni simple. Es un continuo ajuste con el entorno para discernir cuándo soltar, aceptar, permanecer, sostener… Requiere de movimientos internos profundos que solo pueden desplegarse con un contacto honesto contigo mismo y con el mundo. Cuando lo haces desde tu lugar seguro, tu experiencia cambia. Tu cuerpo se relaja. Tu respiración se vuelve hogar. Y tu presencia comienza a reorganizar la experiencia. Si estás despierto y atento al contacto, aprendes a generar semillas de bienestar que, con el tiempo, florecen en tu día a día. Pero cuando vives en piloto automático, atrapado en un ego rígido y reactivo, te desconectas del instante. Te repites. Te estancas. Te exiges ser quien ya no eres. Y el contacto se vuelve un eco del pasado en lugar de un puente al presente. Una confusión y un sesgo que te encarcelan. La vida, sin embargo, no quiere perfección. Quiere movimiento. Quiere que bailes con ella. Quiere verte flexible, presente, vivo. Y para eso necesitas dejar de reducirte solo a tu mente, a tus pensamientos, a tu conducta. Eres mucho más. Eres cuerpo, historia, entorno, emoción, presencia, vínculo. Eres una totalidad sagrada en constante ajuste. La verdadera transformación no ocurre solo en lo que haces, sino en cómo estás en lo que haces. No te define un resultado. Te define el proceso. Cada paso consciente. Cada elección amorosa. Cada gesto de atención plena. Ese es el arte de vivir con sabiduría: ajustar el contacto momento a momento, integrando lo que llega y soltando lo que pesa. Y para eso la presencia es tu guía. Es tu faro. Es la llave que te devuelve a la vida. Porque solo en el presente puedes transformar. Solo en el presente puedes sanar. Solo en el presente puedes elegir, una y otra vez, cómo quieres vivirte.

Estos mapas simbólicos muestran cómo se transforma tu mundo interno, instante a instante, en relación con el externo, gracias al contacto y la presencia, y cómo puede aislarse al establecer fronteras que dificultan la asimilación de nuevas experiencias y aprendizajes. Tu presencia en la frontera de contacto determinará el nivel de funcionalidad y armonía interna —o, por el contrario, de disfuncionalidad y automatismo— en los ajustes creativos que construyas ante la vida.

INTERACCIÓN FUNCIONAL

PRESENCIA EN LA FRONTERA DE CONTACTO

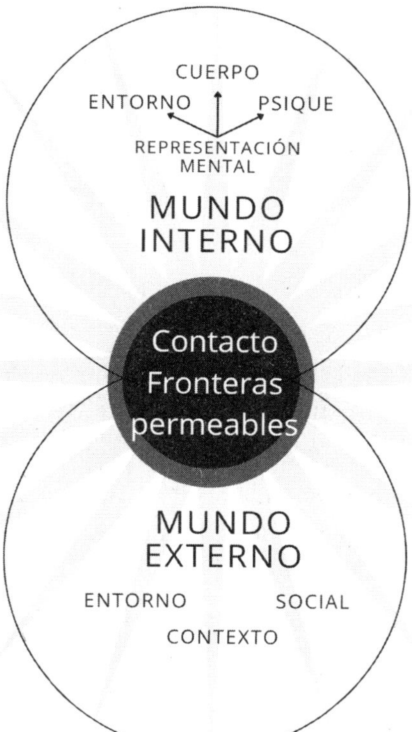

EN CADA INSTANTE DE PRESENCIA ELIJO LA SEMILLA QUE SIEMBRO Y ME TRANSFORMO

INTERACCIÓN DISFUNCIONAL

AISLAMIENTO EGOCÉNTRICO EN UNA FRONTERA RÍGIDA

UN EGO ENCERRADO EN SÍ MISMO ES UN SER QUE OLVIDA FLORECER

7

En tu nuevo caminar

> La felicidad está en ti, aquí y ahora. Camina ligero, vive pleno. Eres refugio, eres paz.

Un recordatorio para cuando la vida te agite

Sé que a veces la vida se complica. Nos presenta situaciones que jamás hubiéramos deseado y nos deja heridas que parecen quebrarnos por dentro. Cuando el suelo que pisamos tiembla tras una crisis, necesitamos recomponer nuestras partes rotas y confiar de nuevo en la vida, aunque cueste. Es imprescindible restablecer el equilibrio, sostener un sentido mayor que nos aliente y cuidar nuestro mundo interior. Cuando la vida agite tu suelo, cuando sientas que tus pensamientos se oscurecen y tus emociones te abruman, detente. Respira en calma. Recuerda: la vida se mueve y tú caminas en ella, momento a momento. Puedes detenerte cuando se agite demasiado para abrazarte, para sanar, para restaurar el equilibrio y ofrecerte el tiempo que necesites para avanzar de nuevo. No hay prisa, solo una intención profunda: «Merezco quererme lo suficiente para no huir de mí». Mereces caminar con amor, seguridad y confianza. Crear en ti una armonía interna de cuerpo, mente y corazón que te ayude a sembrar serenidad incluso en los días grises. Porque toda cosecha, aunque hoy no veas frutos, requiere de la fe paciente de quien sigue sembrando desde el cuidado. Mereces ser un lugar seguro para ti. Un refugio que no dependa de que todo fuera esté en calma, sino que nazca de tu compromiso interno de vivir en plenitud.

Cuando las sombras, los miedos o los discursos negativos amenacen con tomar el timón de tus días, recuerda: el autocastigo, la rigidez, la frustración y la ira solo crean más bucles de sufrimiento. Una piedra tras otra en el camino, repitiéndose con diferentes formas pero con la misma raíz. Cuando sientas que tropiezas siempre en el mismo lugar, no huyas. Detente. Observa la inercia de tus patrones. Date cuenta: no siempre son enemigos, pero necesitan ser revisados y actualizados para que no sigan atrapándote. Muchos discursos internos que en su momento buscaban protegerte hoy necesitan ser liberados para permitirte crecer. Dar luz a las sombras de tu mente no es rechazarlas, es comprenderlas, acompañarlas y transformarlas en sabiduría. No agrandes tus heridas alimentándolas con miedo. Permite que sean, transítalas con compasión y ponlas en contacto con tus recursos, con tu fortaleza interna.

No huyas de ti. Cuídate tanto que cada paso que des sea una declaración de amor hacia quien estás llegando a ser. Porque recuerda que no podemos evitar que el mundo dispare flechas, pero sí dejar de ser diana. Sabes que el viaje más importante y valioso es hacia tu interior. Recuerda que tienes la llave, que en ti habita un lugar seguro, y solo tienes que regresar a él.

No postergues tu cuidado y bienestar interior. Tu cuerpo y tu mente a veces te exigen, gritando, que les des un descanso. Escúchalos cada día para que no tengan que alzar la voz, para que no desarrollen síntomas físicos ni tensiones que dañan. Solo quieren que los escuches, que tengas en cuenta sus señales, que los atiendas porque necesitan de tu cuidado. Viaja hacia dentro con atención, con escucha activa de tus necesidades, con amabilidad, cuidado y respeto. Haz que la voz suave te transforme cada día desde dentro, paso a paso. Instante a instante. No hay prisa. Ya estás en el camino, ya estás en este tiempo y espacio donde puedes elegir empezar de nuevo. La vida no comienza después de la lista de pendientes. La vida está ocurriendo ahora. Despierta en cada pausa, en cada encuentro con la vida, en cada susurro efímero de los instantes. Protege tu paz y sé un refugio seguro para cuando se desaten el caos y la tormenta. Que tus necesidades no queden sepultadas bajo un sinfín de exigencias y «deberías». Descansar no es un lujo, es una necesidad.

Te invito a cuidar de tu mente y tu cuerpo como si fueran un santuario, a contemplar cada aspecto de tu vida como si fuera medicina: tus hábitos de alimentación, de movimiento, de relación. Te invito a recuperar tu energía, a encender el entusiasmo que te permite brillar para iluminar tu camino. A distinguir lo urgente de lo importante. Permite que la luz y la dicha se expandan a través de ti. El bienestar genuino no es un estado al que se llega, es un equilibrio que se cultiva cada día. Y eso implica un regreso a ti, un contacto genuino contigo y con el entorno desde la salud, desde la virtud.

Mantén tu práctica en el día a día

Para que puedas seguir ampliando el entrenamiento diario, voy a compartir contigo el círculo del cambio consciente, un decálogo para implementar y reforzar nuevos hábitos, y un mandala con los doce mejores hábitos de bienestar. Estas prácticas te ayudarán a restablecer el equilibrio a lo largo del día, salir del piloto automático y tomar la dirección consciente que deseas. Cada hábito de bienestar que cultives, por pequeño que sea, es una semilla que nutre tu salud mental y emocional. No necesitas realizar grandes gestos, sino pequeñas prácticas con intención. A veces una sola respiración consciente puede cambiar la dirección de tu día, una pausa de gratitud puede suavizar un pensamiento repetitivo, un momento de quietud puede recordarte que no tienes que cargar con todo. Estas páginas te invitan a parar, a conectar contigo, a regalarte instantes que sanan y ordenan por dentro. Porque cuidar tu mente es también cuidar tu vida. Y cada pausa, una nueva oportunidad para regresar a ti.

Entrenamiento para el cambio de hábitos

Así como una conducta repetida puede convertirse en un hábito limitante, también podemos cultivar de manera consciente nuevos hábitos que construyan una vida más plena, libre y saludable. La misma dinámica que nos encadena a patrones automáticos puede convertirse, si la usamos de forma intencionada, en el motor silencioso de nuestra transformación. Cada vez que repites una acción consciente, compasiva y alineada con tu bienestar, esculpes nuevas rutas internas y fortaleces circuitos neuronales que te sostienen, que te amplían. Estás, sin darte cuenta, eligiendo de nuevo quién quieres ser. Este es el verdadero poder de la práctica diaria: pequeños actos, aparentemente insignificantes, que repetidos con amor y consciencia moldean tu manera de pensar, sentir y habitar en el mundo. No se trata de forzar cambios radicales de un día para otro, sino de sembrar intenciones vivas en lo cotidiano, con paciencia, humildad y constancia. Cada nueva acción, cada mirada más consciente hacia ti, es una semilla que, con el tiempo, florecerá en nuevas formas de ser.

Te propongo un ejercicio sencillo pero profundo: el círculo del cambio consciente. Es un mapa visual que te conectará con el primer paso hacia el cultivo de hábitos que reflejen la vida que deseas construir. Te ayudará a identificar el patrón que ya no quieres sostener y a reemplazarlo, de forma intencionada, con un gesto consciente que refuerce tu bienestar, presencia y expansión interna. Dedica un tiempo a contemplar el círculo de transformación que acompaña a este texto y, a continuación, responde a las distintas cuestiones desde la reflexión profunda.

CÍRCULO DE TRANSFORMACIÓN CONSCIENTE

CULTIVAR NUEVOS HÁBITOS DE BIENESTAR

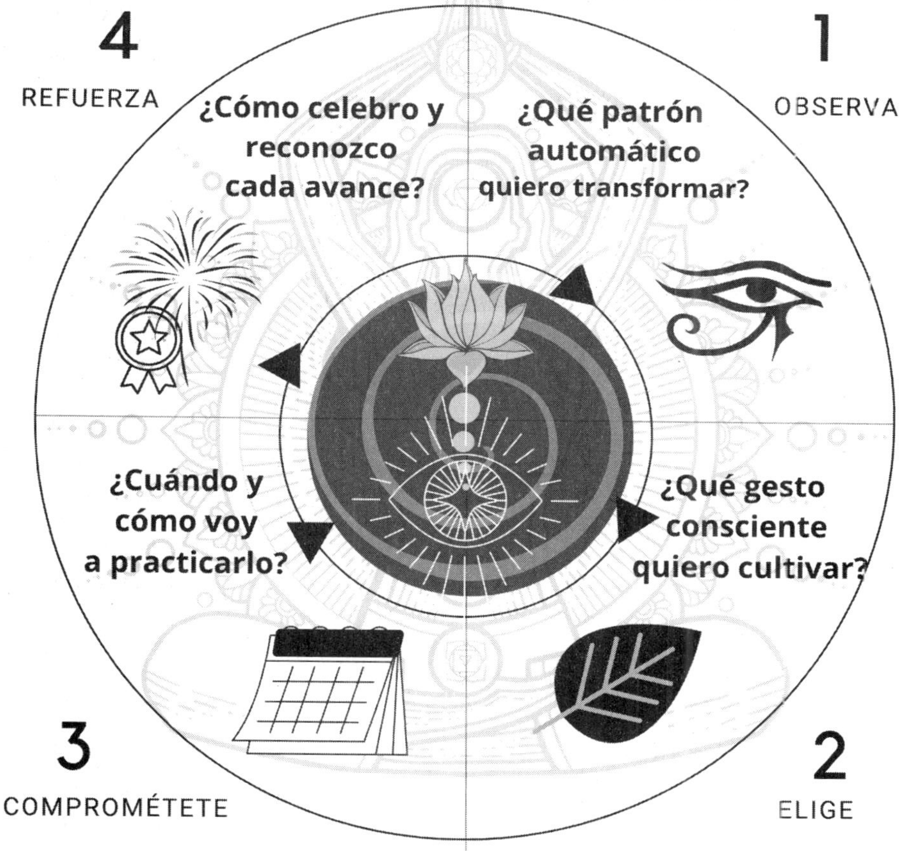

CADA GESTO CONSCIENTE ES UNA SEMILLA DE TRANSFORMACIÓN

Ritual de transformación: del automatismo a la presencia

1. **Observa: «¿Qué patrón automático quiero transformar?».** Haz una pausa. Cierra los ojos, si lo deseas. Respira con suavidad y permítete mirar con honestidad amorosa.

   Pregunta guía: «¿Qué conducta me está limitando a diario?».

   Tal vez sea algo sutil pero repetido: ir con prisas cada mañana, reaccionar con impaciencia, perder demasiado tiempo con el móvil, no respirar de forma completa, tensar el cuerpo en momentos de estrés...

   No juzgues lo que descubras. Solo reconócelo con amabilidad y anótalo como si sembraras una semilla de cambio.

2. **Elige: «¿Qué gesto consciente quiero cultivar?».** Piensa en una acción pequeña, concreta y posible que puedas practicar como alternativa. Algo sencillo pero simbólico que represente la dirección hacia la que quieres avanzar.

   Pregunta guía: «¿Qué gesto me conecta con mi bienestar y con quien quiero ser?». Por ejemplo: hacer una respiración profunda antes de responder en una conversación difícil, detenerte treinta segundos a estirar y mover el cuerpo después de una hora de trabajo, llevar tu atención a los pies en el suelo cuando notes ansiedad, sonreír al despertar, reducir el tiempo al teléfono...

   Anótalo. Este será tu nuevo camino.

3. **Comprométete: «¿Cuándo y cómo voy a practicarlo?».** Transformar un patrón requiere intención y constancia amable. Elige cuándo y cómo vas a integrar este gesto en tu rutina diaria. Enlázalo a un hábito que ya hayas adquirido para facilitar su incorporación.

   Pregunta guía: «¿Cómo puedo integrar este nuevo gesto de forma simple y sostenible en el tiempo?». Por ejemplo: «Cada vez que sienta ansiedad, haré tres respiraciones profundas antes de seguir», «Cada mañana, al levantarme, agradeceré algo en silencio», «Después de cada reunión, dedicaré treinta segundos a volver a mí»...

   Anótalo. Si lo necesitas, ponte un recordatorio en la agenda o en el móvil. Lo importante no es hacerlo perfecto, sino practicar con presencia y perseverancia. Recuerda hacerlo con la intención genuina de crecer. Recuerda que las pequeñas semillas crecen con grandes raíces.

4. Refuerza: «¿Cómo celebro y reconozco cada avance?». Caca vez que logres poner en práctica tu gesto consciente, detente un instante y reconoce ese momento. Siente la fuerza silenciosa de estar eligiendo de forma nueva. Aunque a veces te olvides, lo esencial es recordar y volver.

Pregunta guía: «¿Cómo puedo valorar cada uno de los pasos que doy en este camino?».

Celebrar cada gesto no es vanidad, es nutrición interna. Estás modelando tu nueva forma de habitarte con amor y claridad. Y eso es profundamente transformador.

Fortalezas que te sostienen

Cierra este ejercicio conectando con tus recursos internos, aquellos que ya habitan en ti y que pueden ayudarte a sostener este nuevo hábito.

Pregunta guía: «¿Cuáles son las fortalezas, virtudes y cualidades que me sostendrán durante el proceso?». Reflexiona desde la serenidad y la contemplación de este nuevo hábito que estás incorporando. Tal vez descubras que tu paciencia ha crecido, que tu intuición te guía, que tu capacidad de cuidarte ha despertado. Reconócelas. Escríbelas. Siéntelas. Visualízalo como una realidad que ya está pasando.

Este entrenamiento no es solo una práctica de cambio. Es un ritual de cuidado profundo, una forma íntima de recordarte que cada elección consciente es una afirmación de tu libertad interior.

Decálogo para implementar cambios

Para sostener este proceso en el tiempo y permitir que los cambios echen raíces en tu vida—, te invito a explorar diez principios esenciales. Son faros silenciosos que te acompañarán en el arte de construir cambios duraderos, pequeñas verdades que, si las cultivas, harán de tu práctica un camino vivo, nutrido y real.

1. Define tu meta con claridad: ha de ser concreta, medible, alcanzable, relevante y con un plazo definido.

2. Establece momentos específicos —como estaciones en tu camino— para revisar si estás avanzando hacia lo que realmente deseas.
3. Convierte la motivación en acción.
4. Elige rutinas que apoyen tu propósito y haz espacio en tu vida para sostenerlas.
5. Celebra y refuerza cada pequeño logro, porque cada paso cuenta.
6. Cuando surjan el miedo o las dudas, no te detengas: obsérvalos con actitud de curiosidad y aprendizaje.
7. Activa el asombro, déjate sorprender por tu capacidad de crecer.
8. Enciende la llama del entusiasmo: será el fuego que te sostenga a largo plazo.
9. Cuida y crea un entorno adecuado. Rodéate de personas, espacios y hábitos que nutran tu foco y tu bienestar.
10. Alimenta los vínculos que te inspiran y las situaciones que elevan tu energía.

Recuerda que tus elecciones crean el suelo donde florece tu transformación. Estos pequeños actos de consciencia y coherencia son, en realidad, grandes pasos hacia tu verdadera esencia. Y ahora te invito a dar un paso más profundo, un viaje hacia el corazón de tu autenticidad, un regreso pausado a quién eres cuando no estás condicionado por el miedo, la exigencia o el personaje de siempre. Porque la verdadera transformación no es convertirte en alguien nuevo. Es recordar, con ternura y sin prisa, quién eres cuando estás en paz contigo.

HÁBITOS DE BIENESTAR

RECUPERA TU PRESENCIA Y ARMONÍA

CADA MOMENTO PUEDE SER UNA PUERTA ABIERTA A LA CONSCIENCIA

Hasta que nos encontremos en el próximo viaje, quiero decirte que…

… mereces recorrer este trocito de camino que nos brinda el milagro de la vida desde la serenidad de un corazón amplio y una mente despierta. Desde la intimidad de tu lugar seguro, sabes que dentro de ti habita la luz necesaria para guiar tus pasos, no perderte en la oscuridad del miedo y enfocar con claridad allí donde el sentido profundo de vivir se revela.

Permite que las pausas conscientes en tu respiración reparen el cansancio acumulado. Que la calma se instale en tu cuerpo, que la lucidez ilumine tus decisiones, que la compasión abrace tus heridas y que la sabiduría te inspire la mejor respuesta posible. Porque ahora ya sabes que puedes ser un refugio para ti, un espacio sagrado que ya no reacciona desde la herida, sino que observa el sufrimiento como una señal, como una oportunidad para cuidar lo que duele, integrar lo que estaba disperso y aliviar con ternura lo que aún necesita sostén.

Recuerda: mereces avanzar desde el cuidado, no desde la exigencia. Desde el amor bondadoso, no desde la culpa. Detente cuando lo necesites. Respira con calma. Reencuéntrate con esa luz cálida y serena que siempre ha estado dentro de ti. Tu valor no depende de ser más ni de hacer más. No tienes que demostrar nada. Ya eres suficiente. Cuentas con recursos profundos, fortalezas silenciosas y el potencial para colmar tu vida de sentido.

Sigue soñando alto. Camina hacia tus metas, pero sin perder de vista la riqueza del presente. No te alejes tanto de ti que te olvides del milagro de estar vivo.

Ha sido un privilegio acompañarte en este viaje de regreso a casa. Ojalá sigas cultivando ese lugar seguro en tu mente, en tu cuerpo, en tu corazón. Ojalá seas refugio para ti y para otros. Gracias por leer estas páginas que he escrito pensando en ti. Deseo que te hayan ofrecido claridad cuando aparecía la niebla o algo de luz cuando todo estaba oscuro.

Espero que sigas caminando con la fortaleza de un corazón abierto, la sabiduría de una mente espaciosa y la gratitud de un cuerpo que te regala, a cada instante, el milagro de vivir. Que estos tres templos sagrados se armonicen para crear dentro de ti un bienestar profundo, verdadero y sostenido.

No olvides que ya estás en casa.

Sé feliz.

Anexo

Mapa del bienestar, de la presencia y la transformación interior

A continuación te comparto este mapa para que puedas acompañar tus cambios desde la calma y la claridad. Te ayudará a reconocer los patrones que te limitan, sustituirlos por gestos más conscientes y cultivar nuevas formas de habitarte. No necesitas hacerlo perfecto: solo estar presente y practicar con amabilidad.

Etapa del proceso	Propósito esencial	Práctica o gesto sugerido	Fundamento psicológico/contemplativo	Frase o mantra integrador
1. Observar: tomar conciencia	Reconocer los patrones automáticos que generan sufrimiento o desconexión. Observar sin juicio lo que ocurre dentro y fuera.	Haz una pausa consciente, respira, y observa tus pensamientos, emociones y reacciones sin identificarte con ellos.	La observación ecuánime activa la corteza prefrontal, regula la amígdala y permite pasar del automatismo a la conciencia.	«Solo puedo transformar lo que soy capaz de ver».
2. Aceptar: soltar la resistencia	Dejar de luchar contra lo que es. Abrir espacio a la comprensión y al flujo natural de la experiencia.	Nombra lo que sientes. Respira dentro de la emoción sin reprimirla ni exagerarla. Practica la amabilidad contigo.	La aceptación consciente reduce la activación del sistema de amenaza y fortalece la resiliencia emocional.	«Lo que acepto se transforma; lo que resisto persiste».

Etapa del proceso	Propósito esencial	Práctica o gesto sugerido	Fundamento psicológico/ contemplativo	Frase o mantra integrador
3. Elegir: dirigir la energía con intención	Transformar la reacción en respuesta. Elegir una nueva forma de actuar o pensar alineada con tu bienestar.	Formula una intención clara: «Hoy elijo responder con calma», «Elijo cuidarme». Asócialo a una acción concreta.	La repetición consciente fortalece nuevas redes neuronales (neuroplasticidad) y reprograma patrones.	«Cada gesto consciente siembra un nuevo camino».
4. Integrar: crear coherencia interna	Unir pensamiento, emoción y acción en una dirección común.	Integra tu gesto consciente en la rutina diaria. Practica pequeños actos de coherencia (respira antes de responder, agradece, pausa).	La coherencia mente-corazón-cuerpo favorece la autorregulación y la armonía interna (coherencia cardiaca).	«Cada respiración me alinea con mi verdad».
5. Celebrar: reforzar y agradecer	Reconocer los avances, consolidar el aprendizaje y nutrir la motivación.	Agradece los progresos, celebra la constancia, reconoce tu crecimiento.	La gratitud activa el sistema dopaminérgico del bienestar y fortalece la autocompasión.	«Cada paso cuenta, cada intento florece».
6. Sostener: cultivar el entorno que te cuida	Crear las condiciones externas e internas para mantener el equilibrio.	Cuida tus espacios, vínculos y hábitos. Rodéate de lo que te inspira y te nutre.	Los entornos coherentes favorecen la estabilidad emocional y la perseverancia del cambio.	«Cuido el entorno que sostiene mi calma».
7. Expandir: vivir desde la presencia	Habitarte plenamente. Convertir la práctica en una forma de vida.	Practica la atención plena en lo cotidiano: camina, come, respira con conciencia.	La práctica continua del *mindfulness* consolida la ecuanimidad y el bienestar sostenible.	«Vivo despierto, presente, libre».

Completa ahora este registro semanal de práctica y autoconocimiento personal. Cuentas con cuatro semanas para ir viendo tu evolución mes a mes.

Registro de práctica y autoconocimiento

Semana 1

Día	**Observación del día** ¿Qué patrón, emoción o pensamiento reconozco hoy?	**Aceptación consciente** ¿Qué necesito soltar o acoger con amabilidad?	**Nueva elección** ¿Qué gesto o acción consciente voy a practicar?	**Integración** ¿Cómo lo incorporo en mi rutina o momento del día?	**Celebración** ¿Qué reconozco o agradezco hoy?	**Nivel de presencia (del 1 al 5)**
Lunes						
Martes						
Miércoles						
Jueves						
Viernes						
Sábado						
Domingo						

Semana 2

Día	**Observación del día** ¿Qué patrón, emoción o pensamiento reconozco hoy?	**Aceptación consciente** ¿Qué necesito soltar o acoger con amabilidad?	**Nueva elección** ¿Qué gesto o acción consciente voy a practicar?	**Integración** ¿Cómo lo incorporo en mi rutina o momento del día?	**Celebración** ¿Qué reconozco o agradezco hoy?	**Nivel de presencia (del 1 al 5)**
Lunes						
Martes						
Miércoles						
Jueves						
Viernes						
Sábado						
Domingo						

Semana 3

Día	Observación del día ¿Qué patrón, emoción o pensamiento reconozco hoy?	Aceptación consciente ¿Qué necesito soltar o acoger con amabilidad?	Nueva elección ¿Qué gesto o acción consciente voy a practicar?	Integración ¿Cómo lo incorporo en mi rutina o momento del día?	Celebración ¿Qué reconozco o agradezco hoy?	Nivel de presencia (del 1 al 5)
Lunes						
Martes						
Miércoles						
Jueves						
Viernes						
Sábado						
Domingo						

Semana 4

Día	Observación del día ¿Qué patrón, emoción o pensamiento reconozco hoy?	Aceptación consciente ¿Qué necesito soltar o acoger con amabilidad?	Nueva elección ¿Qué gesto o acción consciente voy a practicar?	Integración ¿Cómo lo incorporo en mi rutina o momento del día?	Celebración ¿Qué reconozco o agradezco hoy?	Nivel de presencia (del 1 al 5)
Lunes						
Martes						
Miércoles						
Jueves						
Viernes						
Sábado						
Domingo						

Índice de meditaciones, diarios, antídotos y rituales de transformación

Con este QR accederás a las meditaciones
que te he ido sugiriendo a lo largo del libro.
¡Disfruta de ellas!